English
Version

한국어로 배우는 맛있는 한국 요리

KOREAN
FOOD

K-food 한국어

저자 김낭예 · 박혜경 · 장성희

한글파크

머리말

전 세계적으로 한국 음식의 인기가 나날이 높아지고 있습니다. 한국 영화, 드라마에 나오는 맛있는 음식들과 함께 한국어를 더 잘 알게 되고 재미있게 배울 수 있으면 얼마나 좋을까요? 한국어를 배우면서 한국 음식을 직접 만드는 방법도 배울 수 있으면 더 좋겠지요? 그래서 이 책이 만들어졌습니다. 이 책은 한국 음식과 한국어를 배우고 싶어 하는 학습자들을 위해 개발된 책입니다.

이 책을 통해 열 개의 한국 음식을 배울 수 있습니다. 다양한 한국 음식 중에서 어떤 음식을 책에 담을지 많은 고민이 있었는데요, 메뉴를 정하기에 앞서 한국어 학습자들을 대상으로 배워 보고 싶은 한국 음식에 대한 설문 조사를 실시했습니다. 그리고 설문 조사 결과를 바탕으로 한국어 선생님들과 요리 선생님들이 함께 의논하여 한국어로 쉽게 설명할 수 있고, 요리 방법도 어렵지 않은 음식 열 가지를 선정했습니다. 또한 같은 음식이라도 만드는 사람에 따라 만드는 방법과 들어가는 재료가 다르기 때문에 우리 교재에서는 가장 쉽고 일반적인 레시피, 특히 해외에서도 구하기 쉬운 재료로 만들 수 있는 레시피를 담았습니다. 한국어로 기본적인 의사소통이 가능한 초급 수준의 학습자라면 요리 영상과 함께 한국 음식을 만들어 보면서 한국어를 쉽게 배울 수 있습니다.

이 책은 오전에는 요리를 배우고, 그 요리를 직접 만들어서 먹은 후, 오후에는 한국어를 배우는 프로그램에서 가장 유용하게 사용할 수 있습니다. 집에서 혼자 교재의 영상을 보면서 요리를 배울 수도 있고, 직접 요리를 하지 않아도 요리와 관련된 한국어를 따로 공부할 수 있도록 설계되어 선택적으로 활용할 수 있습니다.

자, 이제 한국어를 맛있게 공부해 볼까요?

저자 일동

이 책의 구성

K-food 한국어는 외국인에게 인기 있는 한국의 대표적인 음식을 주제로 요리와 한국어를 동시에 배울 수 있도록 설계한 책입니다. 총 10개의 단원으로 제작했으며 각 단원은 Part I 오늘의 요리와 Part II 오늘의 한국어로 나누어 구성했습니다. Part I과 Part II는 유기적이면서도 독립적으로 구성하였으므로 이 책의 활용 목적에 따라 순차적으로 학습해도 좋고, 선택적으로 활용하는 것도 가능합니다.

Part I 오늘의 요리

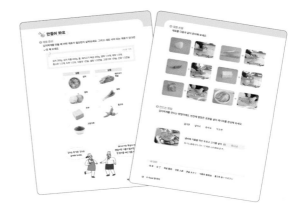

🍚 **알아봐요**에서는 '오늘의 요리'를 만드는 과정을 영상으로 제작하여 QR 코드로 제시했습니다. 영상을 통해 음식에 들어가는 재료와 만드는 순서를 파악할 수 있습니다.

🥄 **만들어 봐요**에서는 음식 재료와 재료 손질 방법을 소개하고 요리 방법을 단계별로 제시했습니다. 시각 자료를 함께 제시했으므로 요리에 자신이 없거나 한국 요리를 처음 해 보는 사람도 쉽게 따라서 만들 수 있습니다. 또 재료명이나 요리와 관련된 어휘 등 한국어 표현도 익힐 수 있습니다.

Part II 오늘의 한국어

🍲 **들어 봐요**에서는 교재에 제시된 대화문을 보며 한국 원어민의 발음으로 대화를 듣고 따라 해 볼 수 있도록 구성했습니다. 대화문을 연습하면서 전형적인 한국어 대화 장면을 익히고 그 단원에서 배울 문법 표현의 의미를 유추할 수 있습니다.

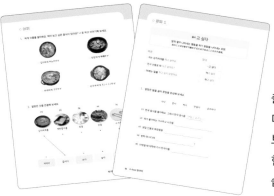

○ **어휘**에서는 단원의 주제와 관련 있는 어휘를 익히고 연습할 수 있도록 하였습니다.

○ **문법 1, 2**에서는 대화문에 출현한 문법을 중심으로 의미와 형태 이해에 필요한 정보를 제시했습니다. 또 학습한 내용을 확인할 수 있는 연습을 제시했습니다.

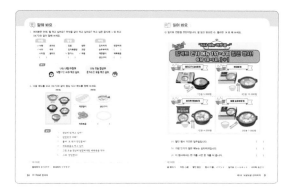

💬 **말해 봐요** 에서는 단원에서 목표로 하고 있는 말하기 기능을 연습해 볼 수 있는 활동을 제시했습니다. 주어진 제시어를 활용하여 다양한 소재로 말하기 연습을 할 수 있어 유창성을 기를 수 있습니다.

📑 **읽어 봐요** 는 SNS 게시글, 광고, 안내문 등 실제적인 자료를 읽고 주요 내용을 파악하는 활동으로 구성했으며 ✳ **문화 속으로** 에서는 음식과 관련된 한국 문화를 알기 쉽게 소개하고 학습자 나라의 문화와 비교해 보는 활동을 제시했습니다.

마지막으로 부록에는 **모범 답안**과 **어휘 및 문법 색인**을 수록하여 학습자 스스로 답을 확인해 보고 모르는 어휘와 문법을 바로 찾아볼 수 있도록 하였습니다.

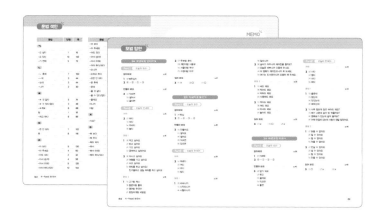

K-food 한국어 교재 구성표

과	단원명	오늘의 요리		오늘의 한국어	
		요리명	주요 재료	어휘	문법
1	보글보글 김치찌개	김치찌개	김치, 돼지고기 목살, 두부	찌개류, 식사 준비 관련 어휘	-고 싶다 이랑
2	지글지글 불고기	불고기	소고기 목심, 양파, 표고버섯, 대파	생일상 음식류, 생일상 관련 어휘	-으니까 -어도 되다
3	매콤달콤 떡볶이	떡볶이	떡볶이 떡, 어묵, 대파, 양배추	간식류, 맛 관련 어휘	-는데(배경) -을 수 있다/없다
4	돌돌 말아 김밥	김밥	김, 시금치, 계란, 햄, 당근, 단무지	소풍 준비물, 소풍 관련 어휘	-어서(순차) -어 주세요
5	바사삭 치킨	프라이드치킨	닭다리살, 우유, 치킨 튀김 가루, 식용유	배달 음식류, 단위명사	-기 전에 -을 것 같다
6	쫄깃쫄깃 수제비	수제비	밀가루, 멸치, 다시마, 감자, 양파, 애호박, 대파	날씨와 계절에 따라 먹는 음식, 음식 관련 의성어, 의태어	-으려고 하다 -을게요
7	뜨끈뜨끈 닭한마리	닭한마리	닭, 대파, 감자, 양파, 통마늘, 부추	닭한마리 추가 메뉴, 닭한마리 먹는 방법	-은 후에 -으면 안 되다
8	단짠단짠 소떡소떡	소떡소떡	떡볶이 떡, 비엔나소시지, 케첩	휴게소 음식, 소스류	-지요? 못
9	호호 호떡	호떡	밀가루, 이스트, 설탕, 견과류	후식류, 식사 단계 관련 어휘	-어서(이유) -어 보다(시도)
10	달달한 뚱카롱	뚱카롱	아몬드 가루, 슈거 파우더, 설탕, 계란	뚱카롱 종류, 사진 관련 어휘	-고 있다 -어야 하다/되다

오늘의 한국어			문화 속으로
들어 봐요	말해 봐요	읽어 봐요	
저녁 식사 메뉴 정하는 대화 듣기	식사 메뉴에 대해 말하기	밀키트 전문점 전단지 읽기	한국 가정의 평범한 저녁 식사
생일상 준비하는 대화 듣기	음식 재료 준비에 대해 말하기	부모님 생신상에 대한 SNS 글 읽기	한국의 생일상
떡볶이 주문하는 대화 듣기	맛 표현하기	배달 앱 이용 후기 읽기	인기 있는 간식
소풍 음식 준비하는 대화 듣기	좋아하는 음식 재료, 싫어하는 음식 재료 말하기	한강 공원 안내문 읽기	소풍에는 김밥 도시락
배달 메뉴 정하는 대화 듣기	배달 음식 주문하기	배달 앱 광고 읽기	한국의 배달 음식
비 오는 날 먹고 싶은 음식 준비하는 대화 듣기	음식 준비 분담에 대해 말하기	인터넷 검색 결과 읽기	비가 올 때 생각나는 음식
복날 식당에서 하는 대화 듣기	요리하는 순서 말하기	식당 안내문 읽기	한국의 복날
휴게소에서 간식 주문하는 대화 듣기	선택하고 싶은 소스에 대해 말하기	설문 조사 결과 읽기	휴게소 인기 메뉴
후식 추천하는 대화 듣기	맛있는 음식 추천하기	카페 방문 후기 읽기	전통 후식의 새로운 모습
음식 인증 사진 찍는 대화 듣기	요리할 때 주의 사항 말하기	제과점 안내문 읽기	마카롱과 뚱카롱

차 례

1과

보글보글 김치찌개

Part I ⩿ 오늘의 요리 ⩾

 알아봐요

오늘의 요리는 김치찌개예요. 영상을 잘 보고 질문에 답해 보세요.

1. 이 음식에 들어가는 재료를 골라 보세요.

☐
배추김치

☐
깻잎김치

☐
깍두기

2. 만드는 순서대로 번호를 써 보세요.

①

②

③

④

④ → → →

만들어 봐요

❶ 재료 준비

김치찌개를 만들 때 어떤 재료가 필요한지 살펴보세요. 그리고 새로 사야 되는 재료가 있다면
✔표 해 보세요.

[2인분 기준]

김치 300g, 김치 국물 400g, 물, 돼지고기 목살 200g, 양파 1/4개, 대파 1/3대,
홍고추 1/2개, 두부 1/2모, 식용유 1큰술, 설탕 1/2큰술, 고춧가루 1큰술, 간장 1/2큰술

☐ 상품		☐ 상품	
☐	김치	☐	돼지고기 목살
☐	양파	☐	대파
☐	두부	☐	홍고추
☐	고춧가루	☐	

김치는 푹 익은 것으로 준비해 주세요.

돼지고기는 목살이 아니어도 괜찮지만 기름이 많으면 더 맛있어요!
캔 참치를 대신 넣을 수도 있어요~

❷ 재료 손질

재료를 다음과 같이 준비해 보세요.

❸ 만드는 방법

김치찌개를 만드는 방법이에요. 빈칸에 알맞은 표현을 넣어 레시피를 완성해 보세요.

> 끓이면   넣어서   볶아요   익으면

냄비에 기름을 약간 두르고 고기를 넣어 (1)   볶아요   .

Add a little oil to the pot and stir-fry the meat.

고기가 (2)　　　　　　　　　　 김치를 넣어서 볶아요.
중간 불에서 3분 정도 볶아 주세요.

When the meat is cooked, add the Kimchi and stir-fry. Stir-fry over medium heat for about 3 minutes.

볶은 재료에 물을 넣고 김치 국물도 (3)
끓여요. 고춧가루, 간장, 설탕, 양파도 넣어 주세요.

Add water and Kimchi juice to the stir-fried ingredients and bring to a boil. Add chili powder, soy sauce, sugar, and onion.

두부, 파, 홍고추를 올려서 조금 더 (4)　　　　　　　　 완성!

Add tofu, green onions, and red chili peppers, and let it simmer a little longer to finish.

Part II

≋ 오늘의 한국어 ≋

 들어 봐요

여러분은 저녁에 보통 무엇을 먹어요? 한국 사람들은 무슨 음식을 자주 먹을까요?

이 가족은 오늘 저녁에 뭘 먹을까요? 잘 들어 보세요. TRACK 1

아빠	오늘 저녁에 뭐 먹고 싶어요?
엄마	김치찌개 어때요?
아빠	그래요. 김치가 잘 익었어요.
아이	저는 계란말이도 먹고 싶어요.
아빠	그럼 오늘은 김치찌개랑 계란말이 먹자.
아이	네, 좋아요!

1. 다시 한번 잘 듣고 따라 해 보세요.

2. 친구하고 역할을 바꾸어 가며 이야기해 보세요.

새 어휘

익다 cooked | 어때요? how is it?

○ 어휘

1. 찌개 이름을 알아봐요. 먹어 보고 싶은 음식이 있어요? ✔표 하고 이야기해 보세요.

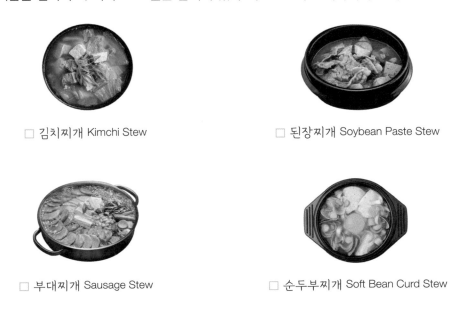

☐ 김치찌개 Kimchi Stew

☐ 된장찌개 Soybean Paste Stew

☐ 부대찌개 Sausage Stew

☐ 순두부찌개 Soft Bean Curd Stew

2. 알맞은 것을 연결해 보세요.

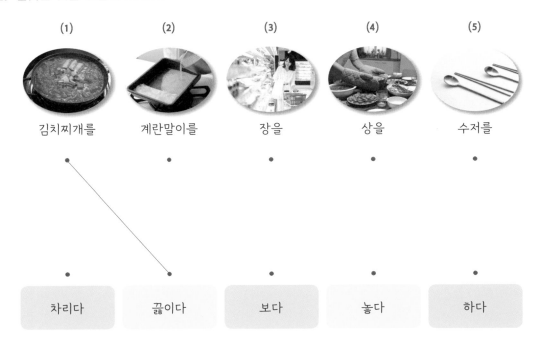

(1)	(2)	(3)	(4)	(5)
김치찌개를	계란말이를	장을	상을	수저를

차리다　끓이다　보다　놓다　하다

○ 문법 1

동사 고 싶다

앞의 말이 나타내는 행동을 하기 원함을 나타내는 표현.
An expression indicating a desire to perform the action stated before.

예문

- 저는 김치찌개를 먹고 싶어요.

- 친구 선물로 뭐 사고 싶어요?

- 어제는 일을 하고 싶지 않았어요.

형태

-고 싶다
먹고 싶다
하고 싶다

1. 알맞은 말을 골라 문장을 완성해 보세요.

> 가다   받다   찍다   만들다   공부하다

(1) 한국 음식을 좋아해요. 그래서 한국 음식을 <u>만들고 싶어요</u> .

(2) 제가 좋아하는 가수하고 사진을 _____ .

(3) 생일 선물로 화장품을 _____ .

(4) 방학 때 어디에 _____ ?

(5) 어렸을 때 대학에 가서 한국어를 _____ .

2. 그림을 보고 대화를 완성해 보세요.

(1)

가 주말에 뭐 하고 싶어요?

나 영화를 <u>보고 싶어요</u> .

(2)

가 메이 씨, 뭐 마시고 싶어요?

나 녹차를 _____ .

(3)

가 이번 연휴에 뭐 하고 싶어요?

나 한국으로 _____ .

(4)

가 시험 끝나고 뭐 하고 싶어요?

나 너무 피곤해요. 집에서 _____ .

(5)

가 생일에 뭐 하고 싶어요?

나 _____ .

○ 문법 2

명사 **이랑**

앞과 뒤의 명사를 같은 자격으로 이어주는 표현.
An expression that connects the previous and the following nouns with the same qualification.

예문

· 냄비에 돼지고기랑 김치를 넣고 볶아요.

· 백화점에서 가방이랑 구두를 샀어요.

형태

이랑	랑
국이랑	찌개랑
형이랑	오빠랑

1. 문장을 완성해 보세요.

(1) 저는 <u>사과랑 딸기</u>를 좋아해요.
　　　　 (사과, 딸기)

(2) 여기는 ＿＿＿＿＿＿＿＿＿＿＿가 싸요.
　　　　　　 (고기, 채소)

(3) 영화관에서 ＿＿＿＿＿＿＿＿＿＿＿를 팔아요.
　　　　　　　　 (팝콘, 콜라)

(4) 학교에서 ＿＿＿＿＿＿＿＿＿＿＿를 배웠어요.
　　　　　　 (스페인어, 한국어)

(5) 이 식당은 ＿＿＿＿＿＿＿＿＿＿＿이 맛있어요.
　　　　　　　 (된장찌개, 비빔밥)

2. 그림을 보고 대화를 완성해 보세요.

(1)

가 테이블 위에 뭐가 있어요?

나 <u>커피랑 케이크</u>가 있어요.

(2)

가 이 찌개에 뭐가 들어가요?

나 _____이 들어가요.

(3)

가 뭘 찾아요?

나 _____를 찾아요.

(4)

가 이번 휴가 때 어디에 갔어요?

나 _____에 갔어요.

(5)

가 무슨 운동을 잘해요?

나 _____를 잘해요.

 **말해 봐요**

1. 여러분은 언제, 뭘 먹고 싶어요? 무엇을 같이 먹고 싶어요? 먹고 싶은 음식에 ✔표 하고 〈보기〉와 같이 말해 보세요.

아침

✔식빵   ☐ 토마토
✔사과   ☐ 우유
☐ 시리얼   ☐ 샐러드
☐ (   )

점심

☐ 김밥   ☐ 냉면
☐ 김치볶음밥   ☐ 초밥
✔돈가스   ✔우동
☐ (   )

저녁

☐ 김치찌개   ☐ 된장찌개
☐ 순두부찌개   ☐ (   )
☐ 계란말이   ☐ 제육볶음
☐ 생선구이   ☐ (   )

보기

나는 내일 아침에 식빵이랑 사과 먹고 싶어.

나는 오늘 점심에 돈가스랑 우동 먹고 싶어.

2. 다음 메뉴를 보고 〈보기〉와 같이 점심 식사 메뉴를 정해 보세요.

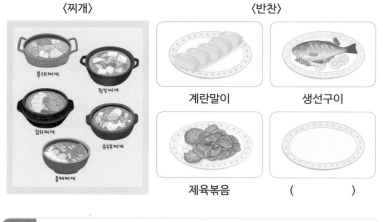

〈찌개〉   〈반찬〉

부대찌개   된장찌개   김치찌개   순두부찌개   동태찌개

계란말이   생선구이

제육볶음   (   )

보기

가   점심에 뭐 먹고 싶어?

나   된장찌개 어때?

가   좋아. 또 뭐가 맛있을까?

나   제육볶음도 먹고 싶어.

가   그럼 오늘 점심에 된장찌개랑 제육볶음 먹자.

나   그래. 맛있겠다!

🍲 **새 어휘**

동태찌개 Pollack Stew | 부대찌개 Sausage Stew

읽어 봐요

● 밀키트 전문점 전단지입니다. 잘 읽고 맞으면 ○, 틀리면 ✕ 표 해 보세요.

"식사 메뉴 걱정 끝~"

밀키트 인기 메뉴 1위~4위 할인 행사!
이달 1일~5일, 1+1

1위 돼지고기 김치찌개
1인분 5,000원

2위 부대찌개
3인분 10,000원

3위 바지락 된장찌개
1인분 4,000원

4위 해물 순두부찌개
2인분 7,000원

(1) 할인 행사 기간은 일주일입니다. ( )

(2) 가장 인기가 많은 메뉴는 김치찌개입니다. ( )

(3) 이 행사에서는 한 개를 사면 한 개를 더 줍니다. ( )

새 어휘

끝 end | 걱정 worry | 할인 discount | 행사 event | 밀키트 meal kit | 바지락 clam

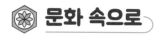
● 한국 가정에서는 보통 저녁에 무엇을 먹을까요? 다음 글을 읽고 이야기해 보세요.

한국 가정의 평범한 저녁 식사

한국 사람들에게 밥은 아주 중요해요. 가족과 함께 밥을 먹는 것을 중요하게 생각해요. 그런데 아침에는 시간이 없어서 밥을 간단하게 먹어요. 점심은 학교나 회사에 가서 먹어요. 그래서 가족이 함께 밥을 먹을 수 있는 저녁 식사가 중요하지요.

집에서는 저녁에 보통 찌개와 밥, 반찬을 함께 먹어요. 김치찌개, 된장찌개, 순두부찌개를 자주 먹어요. 찌개 중에서 김치찌개는 조금 매워요. 계란말이는 맵지 않아요. 그래서 김치찌개와 계란말이를 같이 먹으면 더 맛있어요. 식당에서도 김치찌개와 계란말이를 같이 팔아요.

1. 여러분은 김치찌개랑 무슨 음식을 같이 먹고 싶어요?

2. 여러분 나라의 가정에서는 저녁에 보통 무엇을 먹어요?

2과

지글지글 불고기

알아봐요

오늘의 요리는 불고기예요. 영상을 잘 보고 질문에 답해 보세요.

1. 이 음식에 들어가는 재료를 골라 보세요.

| ☐ | ☐ | ☐ |

갈비   목심   등심

2. 만드는 순서대로 번호를 써 보세요.

①   ②   ③   ④

[①] → [   ] → [   ] → [   ]

만들어 봐요

❶ 재료 준비

불고기를 만들 때 어떤 재료가 필요한지 살펴보세요. 그리고 새로 사야 되는 재료가 있다면
✔ 표 해 보세요.

> [2인분 기준]
>
> 소고기 목심(불고기용) 300g, 양파 1/4개, 표고버섯 1개, 대파 1/3대, 설탕 1큰술, 물엿 1
> 큰술, 다진 마늘 1큰술, 진간장 5큰술, 배 1/4개, 후춧가루 약간, 참기름 3큰술, 깨소금

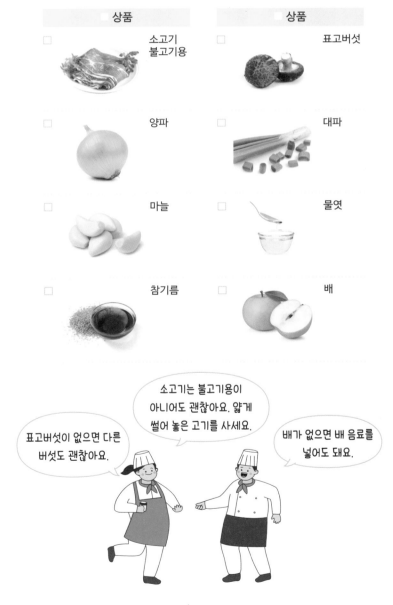

❷ 재료 손질

재료를 다음과 같이 준비해 보세요.

 →   →

 →   →

❸ 만드는 방법

불고기를 만드는 방법이에요. 빈칸에 알맞은 표현을 넣어 레시피를 완성해 보세요.

> 넣어요   담으면   썰어요   익으면   자르고   만들어요

소고기는 먹기 좋게 (1)   **자르고**   뭉치지 않게
잘 풀어 줘요.

Cut the beef into bite-sized pieces and loosen them so they don't
stick together.

진간장에 다진 마늘, 배즙, 설탕, 물엿, 참기름, 후춧가루를
넣어서 양념장을 (2)   .

Make a marinade by mixing soy sauce, minced garlic, pear juice,
sugar, corn syrup, sesame oil, and black pepper powder.

🍲 새 어휘

배 pear | 설탕 sugar | 진간장 soy sauce | 참기름 sesame oil | 불고기용 for bulgogi |
표고버섯 shiitake mushroom | 후춧가루 black pepper powder | 다진 마늘 minced garlic

양념장에 소고기를 (3)   .
냉장고에 넣고 20분 정도 기다려요.

Add the beef to the marinade. Place it in the refrigerator and wait for about 20 minutes.

표고버섯, 양파, 파를 얇게 (4)   .

Thinly slice shiitake mushrooms, onions, and green onions.

고기를 먼저 볶아요. 조금 (5)   채소를 넣어서
같이 볶아요.

Stir-fry the meat first. When it's slightly cooked, add the vegetables and stir-fry together.

깨소금을 뿌려서 접시에 예쁘게 (6)   완성!

Sprinkle sesame seeds and plate it nicely to finish!

들어 봐요

📍 여러분은 생일에 보통 무엇을 먹어요? 한국 사람들은 무슨 음식을 먹을까요?

🎧 이 부부는 어떤 음식으로 생일상을 차릴까요? 잘 들어 보세요. 🎧 TRACK 2

아내	고기는 얼마나 살까요? 한 근만 살까요?
남편	두 근 정도 사요. 제이 생일이니까 넉넉하게 사요.
아내	알겠어요. 이제 시금치만 사고 가요.
남편	어, 저기 부추가 싸고 싱싱해요.
아내	그러면 부추를 살까요? 잡채에 시금치 대신 부추를 넣어도 돼요.
남편	그래요.

🎙 1. 다시 한번 잘 듣고 따라 해 보세요.

   2. 친구하고 역할을 바꾸어 가며 이야기해 보세요.

👨‍🍳 **새 어휘** ───────────────────

근 unit of weight | 부추 chives | 시금치 spinach | 넉넉하다 plentiful | 싱싱하다 fresh

○ 어휘

1. 생일 음식을 알아봐요. 먹어 보고 싶은 음식이 있어요? ✔표 하고 이야기해 보세요.

☐ 잡채
Stir-fried Glass Noodles and Vegetables

☐ 갈비찜
Braised Short Ribs

☐ 미역국
Seaweed Soup

☐ 불고기
Grilled Marinated Beef

☐ 나물
Seasoned Vegetables

2. 알맞은 것을 연결해 보세요.

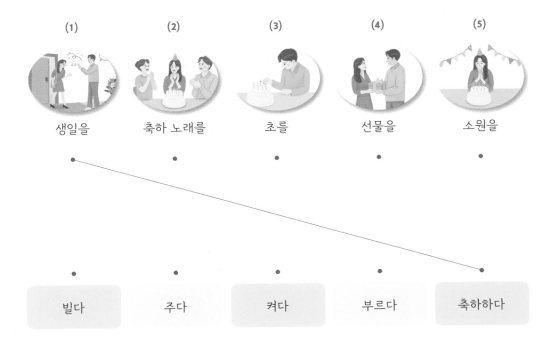

(1) 생일을

(2) 축하 노래를

(3) 초를

(4) 선물을

(5) 소원을

빌다

주다

켜다

부르다

축하하다

동사 형용사 **으니까**

> 뒤에 오는 말에 대하여 앞에 오는 말이 원인이나 근거, 전제가 됨을 강조하여 나타내는 표현.
>
> An expression that emphasizes the preceding statement as the cause, basis, or premise for the following statement.

예문

- 시간이 없으니까 택시를 타세요.

- 배고프니까 식사부터 할까요?

- 점심시간이니까 식당에 사람이 많을 거예요.

형태

-으니까	-니까	(이)니까
있으니까	싸니까	학생이니까
좋으니까	보니까	학교니까
★뜨거우니까	바쁘니까	가수니까

1. 알맞은 말을 골라 문장을 완성해 보세요.

> 많다   비싸다   뜨겁다   시작되다   시험이다

(1) 찌개가 <u>뜨거우니까</u> 조심하세요.

(2) 요즘 시금치가 _____ 부추를 사요.

(3) 회의가 곧 _____ 서두르세요.

(4) 내일이 _____ 카페에서 같이 공부할까요?

(5) 여기는 손님이 너무 _____ 다른 식당으로 가요.

2. 알맞은 것을 연결하고 문장을 완성해 보세요.

(1) 차가 막히다 •   • 꼭 보세요.

(2) 날씨가 덥다 •   • 다음에 만나요.

(3) 오늘은 바쁘다 •   • 에어컨을 켤까요?

(4) 저 영화가 재미있다 •   • 조용히 해 주세요.

(5) 여기는 도서관이다 •   • 지하철을 타고 오세요.

(1)   차가 막히니까 지하철을 타고 오세요. _____

(2) _____

(3) _____

(4) _____

(5) _____

○ 문법 2

동사 어도 되다

어떤 행동에 대한 허락이나 허용을 나타낼 때 쓰는 표현.
An expression used to indicate permission or allowance for an action.

예문

- 당근 대신 파프리카를 넣어도 돼요.

- 가: 여기에 앉아도 돼요?
  나: 네. 앉으세요.

형태

-어도 되다	-아도 되다	-해도 되다
먹어도 되다	가도 되다	운동해도 되다
넣어도 되다	사도 되다	사용해도 되다
★써도 되다	받아도 되다	이야기해도 되다

1. 문장을 완성해 보세요.

(1) 배부르면 _____남겨도 돼요_____.
    　　　　　　　　(남기다)

(2) 물엿이 없으면 설탕을 _____.
    　　　　　　　　　　　　　　(쓰다)

(3) 박물관에서 사진을 _____?
    　　　　　　　　　　　　(찍다)

(4) 여기에서 담배를 _____?
    　　　　　　　　　　　(피우다)

(5) 수업 시간에 휴대폰을 _____?
    　　　　　　　　　　　　　(사용하다)

2. 알맞은 말을 골라 대화를 완성해 보세요.

> 놀다   먹다   빼다   켜다   마시다

(1)
> 가 집에 홍고추가 없어요. 어떻게 할까요?
>
> 나 아, 홍고추는 ＿＿＿빼도 돼요＿＿＿.

(2)
> 가 아빠, 이 고기 ＿＿＿＿＿＿＿＿＿＿＿＿?
>
> 나 아니. 아직 안 익었어.

(3)
> 가 교실이 좀 덥네요. 에어컨 좀 ＿＿＿＿＿＿＿＿＿＿＿?
>
> 나 네. 그러세요.

(4)
> 가 수업 시간에 커피를 ＿＿＿＿＿＿＿＿＿＿＿?
>
> 나 네. 괜찮아요.

(5)
> 가 엄마, 우리 집에서 친구랑 ＿＿＿＿＿＿＿＿＿＿＿?
>
> 나 그래. 같이 와.

말해 봐요

1. 여러분은 생일상을 차릴 때 무슨 음식을 만들어요? 어떤 재료를 준비해요? 여러분이 준비할 재료에 ✔표 하고 〈보기〉와 같이 말해 보세요.

소불고기
- ✔ 표고버섯 □ 팽이버섯
- □ 당근   □ 파프리카

잡채
- □ 돼지고기 잡채용
- □ 소고기 잡채용
- □ 시금치
- □ 부추

미역국
- □ 소고기 국거리용
- □ 조개

보기

표고버섯이 없는데 어떻게 하지?

표고버섯 대신 팽이버섯을 넣어도 돼.

2. 음식을 준비하는 이유를 보고 〈보기〉와 같이 재료를 정해 보세요.

상황
- ✔ 아내의 생일이다
- □ 집에 손님이 오다
- □ 친구의 생일이다
- □ 친구가 아프다

음식 이름	필요한 재료	
갈비찜	소갈비	돼지갈비
	배	배 음료
잡채	시금치	부추
	소고기	콩나물
케이크	딸기	과일 통조림
	버터	식용유
죽	다진 소고기	참치 통조림
	찹쌀	쌀

보기

엄마 (따르릉) 여보세요?

아들 엄마, 내일 아내 생일이니까 갈비찜을 만들고 싶어요. 그런데 소갈비가 너무 비싸요.

엄마 그럼 돼지갈비를 사. 돼지갈비로 갈비찜을 만들어도 돼.

아들 네, 알겠어요. 그리고 지금 마트에 배가 없어요. 어떻게 할까요?

엄마 그럼 배 음료를 사. 배 대신 배 음료를 넣어도 돼.

아들 아, 그래요? 고마워요, 엄마.

새 어휘

미역 seaweed | 버터 butter | 조개 manila clams | 찹쌀 glutinous rice

읽어 봐요

● 부모님 생신상에 대한 SNS 글입니다. 잘 읽고 맞으면 O, 틀리면 ✕ 표 해 보세요.

(1) 이 사람은 혼자 음식을 다 했습니다. ( )

(2) 소불고기는 냉동 고기를 사용했습니다. ( )

(3) 잡채에 고기와 콩나물을 많이 넣었습니다. ( )

새 어휘

얇다 thin | 냉동실 freezer | 콩나물 bean sprouts | 딱딱하다 hard | 썰어 놓다 cut into pieces

● 한국 가정에서는 보통 어떤 음식으로 생일상을 차릴까요? 다음 글을 읽고 이야기해 보세요.

 한국의 생일상

　한국에서 생일상을 차릴 때 미역국을 꼭 준비해요. 엄마가 아이를 낳은 날에도 미역국을 먹어요. 그래서 예전부터 생일에 미역국을 먹었어요.

　미역국 외에 다른 음식도 먹어요. 불고기, 갈비찜 등의 고기류, 고사리, 도라지, 시금치 등의 나물류도 자주 상에 올려요. 그리고 잡채처럼 고기와 채소가 골고루 들어간 음식도 준비해요.

　요즘에는 외식을 하는 경우도 많아요. 뷔페, 패밀리 레스토랑 등의 장소에서 다양한 음식을 먹어요. 이렇게 생일 때 먹는 음식은 달라졌지만 가족이 함께 생일을 축하해 주는 것은 똑같아요.

1. 여러분은 한국의 생일상 음식 중 무엇을 먹어 보고 싶어요?

2. 여러분 나라에서는 생일에 보통 무엇을 먹어요?

3과

매콤달콤 떡볶이

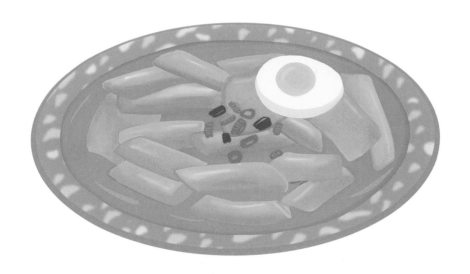

알아봐요

오늘의 요리는 떡볶이예요. 영상을 잘 보고 질문에 답해 보세요.

1. 이 음식에 들어가는 재료를 골라 보세요.

☐ 송편   ☐ 가래떡   ☐ 찹쌀떡

2. 만드는 순서대로 번호를 써 보세요.

① ② ③ ④

④ → ☐ → ☐ → ☐

 # 만들어 봐요

❶ 재료 준비

떡볶이를 만들 때 어떤 재료가 필요한지 살펴보세요. 그리고 새로 사야 되는 재료가 있다면
✔표 해 보세요.

[2인분 기준]

가래떡(떡볶이 떡) 300g, 사각 어묵 2장, 대파 1/3대, 양배추 2장, 물 800ml,
고추장 2큰술, 진간장 2큰술, 고춧가루 2큰술, 설탕 2큰술, 물엿 3큰술

상품		상품	
☐	떡볶이 떡	☐	대파
☐	사각 어묵	☐	양배추
☐	고추장	☐	물엿
☐	고춧가루	☐	

가래떡이 없으면
떡국 떡도 괜찮아요.

떡볶이 떡은 밀떡,
쌀떡 다 좋아요.

❷ 재료 손질

재료를 다음과 같이 준비해 보세요.

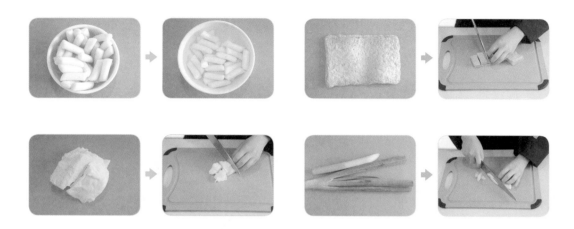

❸ 만드는 방법

떡볶이를 만드는 방법이에요. 빈칸에 알맞은 표현을 넣어 레시피를 완성해 보세요.

> 붓고   졸면   끓여요   썰어요   익으면   담가 둬요

파와 양배추, 어묵을 먹기 좋은 크기로 (1) 썰어요 .

Cut green onions, cabbage, and fish cake into bite-sized pieces.

떡볶이 떡은 물에 (2)   .

Soak the Tteokbokki rice cakes in water.

🍳 새 어휘

고추장 red pepper paste | 고춧가루 red pepper powder | 사각 어묵 square fish cake |
떡볶이 떡 Tteokbokki rice cakes

냄비에 물을 (3)   진간장, 설탕, 고추장, 고춧가루를 넣어요.

Pour water into a pot and add soy sauce, sugar, red pepper paste, and red pepper powder.

냄비에 떡볶이 떡을 넣고 (4)   .

Add the Tteokbokki rice cakes to the pot and bring to a boil.

떡이 어느 정도 (5)   대파, 어묵, 양배추, 다진마늘을 넣어요.

When the rice cakes are partially cooked, add green onions, fish cake, cabbage, and minced garlic.

국물이 좀 (6)   물엿을 넣어 줘요.
국물이 맛있는 떡볶이 완성!

When the broth has reduced a bit, add corn syrup. Delicious Tteokbokki with a flavorful broth is ready!

들어 봐요

여러분은 간식으로 보통 무엇을 먹어요? 한국 사람들은 무슨 음식을 먹을까요?

이 아이는 뭘 주문했을까요? 잘 들어 보세요. 🎧TRACK 3

아주머니	뭐 줄까요?
아이	떡볶이랑 튀김 주세요.
아주머니	떡볶이가 좀 매운데 괜찮아요?
아이	네. 먹을 수 있어요. 저 매운 거 좋아해요.
아주머니	알겠어요. 조금만 기다리세요.

1. 다시 한번 잘 듣고 따라 해 보세요.

2. 친구하고 역할을 바꾸어 가며 이야기해 보세요.

🍽 새 어휘 ─────────

맵다 spicy | 튀김 fried food | 기다리다 wait

○ 어휘

1. 간식 이름을 알아봐요. 먹어 보고 싶은 음식이 있어요? ✔표 하고 이야기해 보세요.

☐ 떡볶이 Tteokbokki   ☐ 튀김 Fried Food

☐ 순대 Blood Sausage   ☐ 어묵 Fishcake   ☐ 핫도그 Hot dog

2. 알맞은 것을 연결해 보세요.

(1)　　(2)　　(3)　　(4)　　(5)

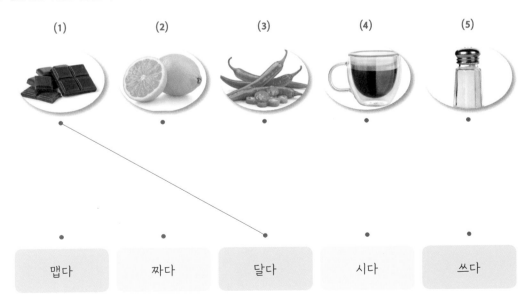

맵다　　짜다　　달다　　시다　　쓰다

동사 형용사 는데

뒤의 말을 하기 위해 그 대상과 관련이 있는 상황을 미리 말함을 나타내는 표현.
An expression that introduces a situation related to the subject in order to say the following statement.

예문

• 저 지금 식당에 가는데 같이 가요.

• 찌개가 좀 짠데 물을 더 넣을까요?

• 어제 시험을 봤는데 너무 어려웠어요.

형태

−는데	−은데	−ㄴ데
먹는데	작은데	큰데
있는데	좋은데	바쁜데
보는데	★매운데	★힘든데

1. 알맞은 말을 골라 문장을 완성해 보세요.

> 없다   좋다   춥다   맛있다   배우다

(1) 좀 ___추운데___ 창문을 닫아도 돼요?

(2) 날씨가 _____ 같이 산책해요.

(3) 양파가 지금 집에 _____ 어떻게 할까요?

(4) 여기는 튀김이 _____ 하나 시킬까요?

(5) 요즘 한국 요리를 _____ 너무 재미있어요.

2. 알맞은 것을 연결하고 문장을 완성해 보세요.

(1) 비가 오다 •   • 같이 볼까요?

(2) 너무 힘들다 •   • 우산 있어요?

(3) 배가 고프다 •   • 같이 밥 먹을까요?

(4) 영화표가 있다 •   • 사람이 정말 많았어요.

(5) 어제 맛집에 갔다 •   • 잠깐 쉬어도 돼요?

(1) 비가 오는데 우산 있어요?

(2)

(3)

(4)

(5)

동사 을 수 있다/없다

어떤 일을 할 수 있는 능력이 있음을 나타내는 표현.
An expression indicating the ability to do something.

예문

· 매운 라면을 먹을 수 있어요.

· 가: 한국 노래를 부를 수 있어요?
  나: 아니요. 저는 한국 노래를 부를 수 없어요.

형태

-을 수 있다/없다	-ㄹ 수 있다/없다
읽을 수 있다/없다	갈 수 있다/없다
찾을 수 있다/없다	말할 수 있다/없다
★걸을 수 있다/없다	★만들 수 있다/없다

1. 그림을 보고 문장을 완성해 보세요.

(1)  저는 ___수영할 수 있어요___.

(2)  저는 한자를 _____.

(3)  저는 기타를 _____.

(4)  강아지는 말을 _____.

(5)  아기는 혼자 밥을 _____.

2. 알맞은 말을 골라 대화를 완성해 보세요.

> 걷다   사다   타다   만나다   만들다

(1)
가 민준 씨. 아기가 잘 걸어요?

나 우리 아기는 아직 ___걸을 수 없어요___.

(2)
가 이번 주말에 _____?

나 미안해요. 다른 약속이 있어요.

(3)
가 떡볶이 떡은 어디에서 사요?

나 인터넷에서 _____?

(4)
가 자전거를 _____?

나 네. 어렸을 때 아빠한테 배웠어요.

(5)
가 한국 음식을 _____?

나 네. 불고기를 _____.

말해 봐요

1. 여러분은 어떤 맛을 좋아해요? 여러분이 좋아하는 맛에 ✔표 하고 〈보기〉와 같이 말해 보세요.

단맛		짠맛		신맛		매운맛	
□ 초콜릿	□ 아이스크림	□ 김	□ 젓갈	□ 키위	□ 레몬	□ 고추	□ 마늘
□ 푸딩	✔케이크	□ 생선	□ 치즈	□ 피클	□ 오렌지	□ 김치	□ 떡볶이

보기

이 케이크는 좀 단데 괜찮아?

어, 난 단 거 좋아해.

2. 다음 메뉴를 보고 〈보기〉와 같이 이야기해 보세요.

카페

〈커피〉		〈디저트〉	
에스프레소	4,000원	초코케이크	5,000원
아메리카노	5,000원	치즈케이크	5,000원
바닐라라테	5,500원	레몬타르트	3,500원

분식

떡볶이	2,500원
치즈떡볶이	3,000원
짜장떡볶이	3,500원
어묵	1,500원

중식

짜장면	5,000원
짬뽕	6,000원
탕수육	8,000원

보기

가 뭐 먹을까?

나 초코케이크 먹을까?

가 여기 초코케이크가 좀 단데 괜찮아?

나 응, 단 거 좋아해.

가 치즈케이크도 시키자.

나 다 먹을 수 있어?

가 어, 다 먹을 수 있어.

새 어휘

단맛 sweet taste | 신맛 sour taste | 젓갈 salted seafood | 짠맛 salty taste | 푸딩 pudding | 피클 pickle | 매운맛 spicy taste | 바닐라라테 vanilla latte | 에스프레소 espresso | 레몬타르트 lemon tart

📖🍴 읽어 봐요

◉ 배달 앱의 후기입니다. 잘 읽고 맞으면 ○, 틀리면 ✕ 표 해 보세요.

```
5:53                        🔔 📶 96% 🔋

        ←         리뷰              ⌂

    배달/포장        마트         스토어
    ━━━━━━

    차니1212  ﹥
    ★★★★★ 지난주

    처음 주문했는데 떡볶이가 정말 맛있네요.
    매콤달콤한 맛이에요. ^^

        😊  사장님
            차니1212님, 첫 주문 감사합니다.
            떡볶이에 치즈를 추가하면
            더 맛있습니다.

    냠냠이              ﹥
    ★★★★★ 이번 주
    떡볶이, 튀김, 순대 세트를 먹었어요. 세트는
    500원 할인! 👍

    떡볶이사랑            ﹥
    ★★★★★ 이번 주
    짜장떡볶이랑 어묵을 시켰어요. 짜장떡볶이는
    맵지 않아요. 그래서 아이도 먹을 수 있어요.
```

(1) 이 분식집에는 할인이 되는 메뉴가 있습니다.　　　　　　　　(　)

(2) 처음 주문한 사람이 떡볶이에 치즈를 추가했습니다.　　　　　(　)

(3) 짜장떡볶이는 아이들에게 맵습니다.　　　　　　　　　　　(　)

🍳 새 어휘 ─────────────────────────────

첫 first │ 세트 set │ 주문 order │ 처음 first time │ 추가하다 add

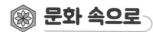

◉ 한국에서는 어떤 간식을 먹을까요? 다음 글을 읽고 이야기해 보세요.

인기 있는 간식

　　한국에서 인기 있는 간식은 떡볶이, 튀김, 어묵 같은 분식이에요. 그중에서도 떡볶이는 가장 인기 있는 간식이에요. 재료나 맛도 아주 다양해요.

　　우선 떡은 밀가루로 만든 밀떡이나 쌀로 만든 쌀떡을 선택할 수 있어요. 양념은 보통 고추장으로 하는데 고추장 대신 짜장이나 크림, 로제 소스 등을 넣은 떡볶이도 있어요. 또 떡볶이만 먹는 것보다 삶은 계란이나 튀김, 순대 등을 떡볶이 국물에 넣어 먹으면 더 맛있어요. 이렇게 떡볶이는 다양하게 즐길 수 있는 한국의 국민 간식이에요.

1. 여러분은 무슨 간식을 먹어 보고 싶어요?

2. 여러분 나라에서는 간식으로 보통 무엇을 먹어요?

4과

돌돌 말아 김밥

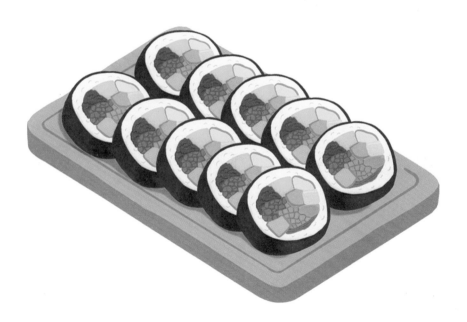

Part I ≋ **오늘의 요리** ≋ 🥄

 🍲 **알아봐요**

오늘의 요리는 김밥이에요. 영상을 잘 보고 질문에 답해 보세요.

1. 이 음식에 들어가는 재료를 골라 보세요.

☐	☐	☐
김 가루	구운 김	조미 김

2. 만드는 순서대로 번호를 써 보세요.

①   ②   ③   ④

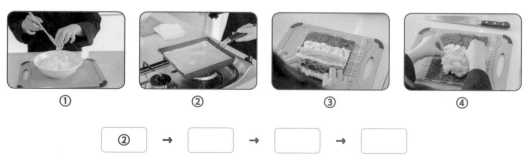

②　→　　　→　　　→

 만들어 봐요

❶ 재료 준비

김밥을 만들 때 어떤 재료가 필요한지 살펴보세요. 그리고 새로 사야 되는 재료가 있다면
✔표 해 보세요.

	[2인분 기준]
김밥	김 4장, 밥 2공기, 시금치 10줄, 계란 4개, 햄 4줄, 당근 1/2개, 단무지 4줄
밥 양념	소금, 참기름
기타	식용유, 통깨

☐ 상품   ☐ 상품

☐ 김   ☐ 당근

☐ 시금치   ☐ 단무지

☐ 계란   ☐ 참기름

☐ 햄   ☐ 즉석 밥

시금치 대신 오이나 부추를 넣어도
맛있어요. 또 소고기, 참치, 치즈 등
여러분이 좋아하는 재료를 넣어서
만들어도 돼요.

② 재료 손질
재료를 다음과 같이 준비해 보세요.

③ 만드는 방법
김밥을 만드는 방법이에요. 빈칸에 알맞은 표현을 넣어 레시피를 완성해 보세요.

> 무쳐요   풀어요   볶은 후   말아 주면   양념을 해요

계란에 소금을 넣어서 잘 (1)   풀어요   .
프라이팬에 부친 후 식으면 길게 썰어 줘요.

Add salt to the eggs and beat well. Fry in a pan and cut into long strips once cooled.

프라이팬에 당근을 (2)   햄도 볶아요.
당근을 볶을 때 소금을 조금 넣으면 맛있어요.

🍳 새 어휘

기타 others | 단무지 pickled radish

Stir-fry carrots in a pan, then stir-fry the ham. Adding a little salt when stir-frying the carrots makes them tastier.

시금치를 끓는 물에 데쳐요. 차가운 물에 헹궈서 물기를 꼭 짠 후 참기름과 소금을 넣고 잘 (3)   .

Blanch spinach in boiling water. Rinse in cold water, squeeze out excess water, then season with sesame oil and salt.

밥에 참기름과 소금으로 (4)   .

Season the rice with sesame oil and salt.

김 위에 밥을 깔고 재료를 올린 후 잘 (5)
완성!

Spread the rice on the seaweed, add the ingredients, and roll it up to finish!

🍳 들어 봐요

🔘 여러분은 소풍을 갈 때 어떤 음식을 준비해요? 한국 사람들은 무엇을 가지고 갈까요?

🎧 이 가족은 공원에서 뭘 먹을까요? 잘 들어 보세요. 🎧 TRACK 4

아들	와, 김밥이다!
엄마	맛있겠지? 이따가 우리 공원에 가서 맛있게 먹자.
아들	좋아요. 근데 엄마, 시금치는 빼 주세요.
엄마	으이구. 시금치가 얼마나 몸에 좋은데.
아들	시금치는 너무 맛이 없어요.
엄마	알았어. 네 김밥엔 시금치 대신 오이를 넣을게.
아들	역시 우리 엄마 최고!

🎙 1. 다시 한번 잘 듣고 따라 해 보세요.

2. 친구하고 역할을 바꾸어 가며 이야기해 보세요.

🍲 새 어휘

근데 but(an abbreviation for '그런데') | 대신 instead | 최고 best | 몸에 좋다 good for health

○ 어휘

1. 소풍 준비물을 알아봐요. 어떤 것이 필요해요? ✔표 하고 이야기해 보세요.

□ 과일 fruit

□ 음료수 drink

□ 도시락 lunch box

□ 김밥 Gimbap

□ 샌드위치 sandwich

□ 돗자리 mat

2. 알맞은 것을 연결해 보세요.

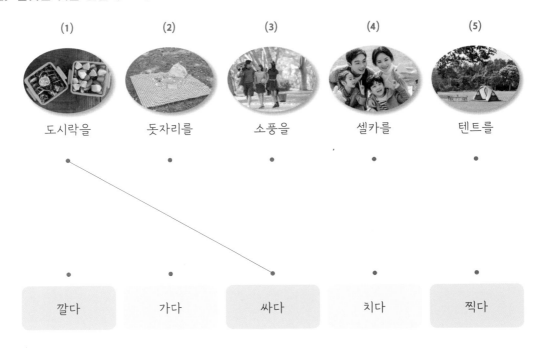

(1)	(2)	(3)	(4)	(5)
도시락을	돗자리를	소풍을	셀카를	텐트를

깔다   가다   싸다   치다   찍다

동사 어서

앞의 말과 뒤의 말이 순차적으로 일어남을 나타내는 표현.
An expression indicating that the action in the preceding statement occurs sequentially
with the action in the following statement.

예문

- 과일을 씻어서 접시에 담았어요.

- 기념품을 사서 부모님께 드렸어요.

- 공항에 도착해서 택시를 탈 거예요.

형태

-어서	-아서	-해서
씻어서	찾아서	요리해서
만들어서	일어나서	전화해서
건너서	★잘라서	도착해서

1. 다음을 한 문장으로 만들어 보세요.

(1) 친구를 만났어요. 그리고 친구와 같이 쇼핑을 했어요.

→ 친구를 만나서 같이 쇼핑을 했어요   .

(2) 쿠키를 만들었어요. 그리고 쿠키를 친구에게 선물했어요.

→ _____.

(3) 사무실에 전화하세요. 그리고 사무실에 물어보세요.

→ _____.

(4) 수박을 잘라요. 그리고 수박을 냉장고에 넣을 거예요.

→ _____.

(5) 서점에 갈 거예요. 그리고 서점에서 책을 살 거예요.

→ _____.

2. 그림을 보고 대화를 완성해 보세요.

(1)

가 아침에 일어나서 뭐 해요?

나 아침에 일어나서 운동을 해요 .

(2)

가 백화점에 가서 무엇을 샀어요?

나 _____ .

(3)

가 친구를 만나서 뭐 할 거예요?

나 _____ .

(4)

가 아르바이트를 해서 뭐 하고 싶어요?

나 _____ .

(5)

가 한국어를 배워서 무엇을 하고 싶어요?

나 _____ .

동사 어 주세요

앞의 말이 나타내는 행동을 해 달라고 부탁하는 표현.
An expression requesting the action indicated by the preceding statement.

예문

· 시럽을 더 넣어 주세요.

· 미안한데 창문 좀 닫아 줘.

· 아이가 먹을 거니까 작게 잘라 주세요.

형태

-어 주세요	-아 주세요	-해 주세요
써 주세요	가 주세요	청소해 주세요
빌려 주세요	찾아 주세요	설명해 주세요
만들어 주세요	★도와주세요	이해해 주세요

1. 알맞은 말을 골라 문장을 완성해 보세요.

> 넣다　　돕다　　오다　　바꾸다　　이야기하다

(1) 비행기 출발 2시간 전에 공항에 ___와 주세요___ .

(2) 떡볶이에 치즈하고 햄도 _____ .

(3) 잘 못 들었어요. 다시 한번 _____ .

(4) 가방이 너무 무거워요. 저 좀 _____ .

(5) 운동화가 저한테 너무 커요. 작은 사이즈로 _____ .

2. 그림을 보고 문장을 완성해 보세요.

(1) 오이는 <u>빼 주세요</u>.

(2) 문 좀 _____.

(3) 단발머리로 _____.

(4) 휴대폰을 _____.

(5) 10분만 _____.

1. 여러분은 뭘 좋아해요? 뭘 싫어해요? 추가하거나 빼고 싶은 재료에 ✔표 하고 〈보기〉와 같이 말해 보세요.

떡볶이

기본 토핑	☐ 계란 1개	☐ 어묵	
토핑 선택	✔ 치즈	☐ 계란	☐ 햄
	✔ 깻잎	☐ 라면 사리	☐ 튀김

김밥

기본 재료	✔ 햄	☐ 계란	☐ 당근
	☐ 오이	☐ 단무지	☐ 어묵
소스 선택	☐ 마요네즈	☐ 쌈장마요	☐ 와사비마요

보기1

떡볶이 드릴까요?

네, 떡볶이 1인분 주세요. 치즈하고 깻잎 추가해 주세요.

보기2

주문하시겠어요?

네, 김밥 한 줄 주세요. 그런데 햄은 빼 주세요.

2. 다음 메뉴판을 보고 〈보기〉와 같이 주문해 보세요.

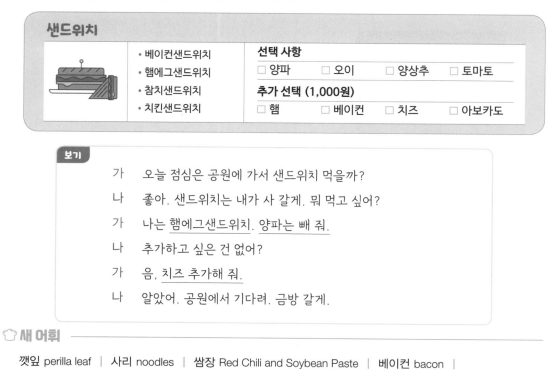

샌드위치

- 베이컨샌드위치
- 햄에그샌드위치
- 참치샌드위치
- 치킨샌드위치

선택 사항			
☐ 양파	☐ 오이	☐ 양상추	☐ 토마토
추가 선택 (1,000원)			
☐ 햄	☐ 베이컨	☐ 치즈	☐ 아보카도

보기

가   오늘 점심은 공원에 가서 샌드위치 먹을까?

나   좋아. 샌드위치는 내가 사 갈게. 뭐 먹고 싶어?

가   나는 <u>햄에그샌드위치</u>. <u>양파는 빼 줘</u>.

나   추가하고 싶은 건 없어?

가   음, <u>치즈 추가해 줘</u>.

나   알았어. 공원에서 기다려. 금방 갈게.

🗨 새 어휘

깻잎 perilla leaf | 사리 noodles | 쌈장 Red Chili and Soybean Paste | 베이컨 bacon |
양상추 lettuce | 아보카도 avocado

📖 읽어 봐요

◎ 한강 공원에서 올린 안내 글입니다. 잘 읽고 맞으면 O, 틀리면 ✕ 표 해 보세요.

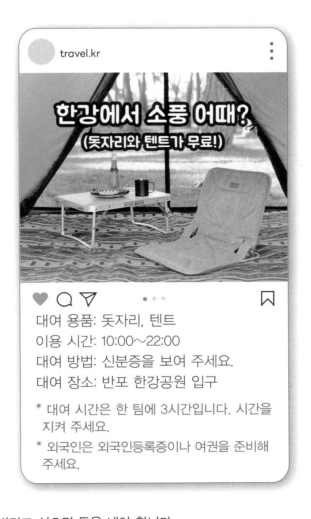

(1) 돗자리를 빌리고 싶으면 돈을 내야 합니다. ( )

(2) 돗자리와 텐트는 3시간 동안 사용할 수 있습니다. ( )

(3) 한강에서 돗자리는 오후에만 빌릴 수 있습니다. ( )

🍽 새 어휘 ────────────────

대여 rental ｜ 용품 supplies ｜ 신분증 ID card

◉ 한국 사람들은 소풍 갈 때 주로 어떤 음식을 싸 갈까요? 다음 글을 읽고 이야기해 보세요.

소풍에는 김밥 도시락

한국 사람들에게 김밥은 소풍에서 빠질 수 없는 음식이에요. 한국 음식은 밥, 국, 반찬으로 이루어져 있는데 밖에 나가면 그렇게 먹기가 쉽지 않아요. 하지만 김밥은 밥과 여러 반찬을 한입에 먹을 수 있어서 간편해요. 영양가도 높기 때문에 한국의 대표적인 소풍 음식이 되었어요.

일반적인 김밥으로는 소고기김밥, 참치김밥, 치즈김밥 등이 있어요. 그런데 요즘에는 샐러드김밥, 돈가스김밥 등 김밥의 종류가 매우 다양해져서 입맛이나 취향에 따라 준비해요. 소풍을 갈 때 김밥 외에 샌드위치, 빵, 과일 등을 챙겨서 가기도 해요.

1. 여러분은 무슨 김밥을 가장 좋아해요?

2. 여러분 나라에서는 소풍 갈 때 주로 어떤 음식으로 도시락을 준비해요?

5과

바사삭 치킨

Part I ▷ **오늘의 요리** ◁

알아봐요

오늘의 요리는 치킨이에요. 영상을 잘 보고 질문에 답해 보세요.

1. 이 음식에 들어가는 재료를 골라 보세요.

☐

☐

☐

닭다리살   닭가슴살   닭날개

2. 만드는 순서대로 번호를 써 보세요.

$$ ① \rightarrow \boxed{} \rightarrow \boxed{} \rightarrow \boxed{} $$

 **만들어 봐요**

❶ 재료 준비

치킨을 만들 때 어떤 재료가 필요한지 살펴보세요. 그리고 새로 사야 되는 재료가 있다면
✔표 해 보세요.

[2인분 기준]

닭다리살 600g, 우유 1컵, 치킨 튀김 가루 2컵(240g), 맛소금 1/3큰술, 후춧가루 1/3큰술,
식용유 1.8L

☐ 상품		☐ 상품	
☐	닭다리살	☐	후춧가루
☐	우유	☐	맛소금
☐	치킨 튀김 가루	☐	

치킨 튀김 가루가 없으면
일반 튀김 가루를 써도 돼요.
일반 튀김 가루를 쓸 때는 소금을
조금 더 넣으세요.

닭다리살이 없으면
닭볶음탕용 닭 한 마리를
사도 돼요.

❷ 재료 손질

재료를 다음과 같이 준비해 보세요.

❸ 만드는 방법

치킨을 만드는 방법이에요. 빈칸에 알맞은 표현을 넣어 레시피를 완성해 보세요.

> 섞어요   주물러   흔들어   꺼냈다가   자릅니다

닭고기를 흐르는 물에 깨끗이 씻어서 물기를 빼고

먹기 좋은 크기로 (1) 자릅니다 .

Wash the chicken thoroughly under running water, drain, and cut into bite-sized pieces.

닭고기에 소금과 후춧가루를 넣고 조물조물

(2)   주세요. 여기에 우유를 넣고 20분 정도

기다리세요.

Add salt and pepper to the chicken and massage well. Then add milk and let it sit for about 20 minutes.

🧢 **새 어휘** ────────────────

맛소금 seasoned salt | 튀김 가루 frying mix

20분 후에 치킨 튀김가루 1컵을 넣고 잘 (3)   .

After 20 minutes, add 1 cup of chicken frying mix and mix well.

닭을 비닐팩에 넣어서 치킨 튀김가루가 잘 묻게

(4)   주세요.

Put the chicken in a plastic bag and shake to coat evenly with the chicken frying mix.

기름이 170도 정도로 뜨거워지면 닭을 넣으세요.

7분 정도 튀긴 후, 잠깐 (5)   한 번 더 튀기면 완성!

When the oil is hot at around 170 degrees, add the chicken. Fry for about 7 minutes, then take it out briefly and fry again to finish!

들어 봐요

여러분은 집에서 보통 무슨 음식을 배달시켜요? 한국 사람들은 무슨 음식을 배달시킬까요?

이 사람들은 오늘 뭘 배달시킬까요? 잘 들어 보세요. 🎧TRACK 5

지은   축구 시작하기 전에 빨리 치킨 시키자.

도현   어디에 시킬까?

지은   꼬꼬치킨 어때? 광고 보니까 거기 반반 치킨이 맛있을 것 같아.

도현   그럼 반반 치킨 한 마리하고, 음료수는 뭘로 할까?

지은   난 맥주! 치킨에는 시원한 맥주를 같이 마셔야지.

도현   그럼 나도 맥주. 맥주도 두 병 시킬게.

🎙 1. 다시 한번 잘 듣고 따라 해 보세요.

   2. 친구하고 역할을 바꾸어 가며 이야기해 보세요.

새 어휘

광고 advertisement | 반반 half and half

○ 어휘

1. 배달 음식 이름을 알아봐요. 배달시키고 싶은 음식이 있어요? ✔표 하고 이야기해 보세요.

치킨집
- □ 프라이드치킨 / fried chicken
- □ 양념치킨 / seasoned chicken
- □ 간장치킨 / soy sauce chicken

피자집
- □ 불고기피자 / bulgogi pizza
- □ 고구마피자 / sweet potato pizza
- □ 포테이토피자 / potato pizza

초밥집
- □ 초밥 세트 / sushi set
- □ 회덮밥 / Raw Fish Bibimbap
- □ 새우튀김 / shrimp tempura

중국집
- □ 짜장면 / jajangmyeon
- □ 짬뽕 / jjamppong
- □ 탕수육 / sweet and sour pork

2. 알맞은 것을 연결해 보세요.

(1)	(2)	(3)	(4)	(5)
사과	치킨	짜장면	콜라	피자

한 개   한 병   한 판   한 그릇   한 마리

동사 기 전에

뒤에 오는 말이 나타내는 행동이 앞에 오는 말이 나타내는 행동보다 앞서는 것을 나타내는 표현.

An expression indicating that the action stated in the following statement precedes the action in the preceding statement.

예문

- 요리를 하기 전에 손을 씻어요.

- 손님들이 오기 전에 음식 준비를 끝냈어요.

- 어른이 수저를 들기 전에 먼저 먹지 않아요.

형태

-기 전에
먹기 전에
가기 전에

1. 알맞은 말을 골라 대화를 완성해 보세요.

> 가다   오다   자다   하다   만들다

(1) 음식을 ___만들기 전에___ 재료를 준비해요.

(2) 비가 _____ 빨리 집에 가자.

(3) 마트에 _____ 필요한 재료를 메모해요.

(4) 저는 초등학교 때까지 항상 _____ 일기를 썼어요.

(5) 운동을 _____ 스트레칭을 하는 것이 좋아요.

2. 그림을 보고 대화를 완성해 보세요.

(1)

가 잠을 자기 전에 보통 뭘 해요?

나 저는 ___자기 전에 책을 읽어요___ .

(2)

가 손님이 오기 전에 나는 뭘 할까요?

나 _____ .

(3)

가 집에서 나오기 전에 에어컨을 껐어요?

나 네. _____ .

(4)

가 졸업하기 전에 뭘 하고 싶어요?

나 저는 _____ .

(5)

가 고향에 돌아가기 전에 뭘 하고 싶어요?

나 _____ .

동사 형용사 을 것 같다

추측을 나타내는 표현.
An expression indicating speculation.

예문

· 너무 배가 고파서 저녁을 많이 먹을 것 같아요.

· 여기 음식은 다 맛있을 것 같아요.

· 내일은 날씨가 오늘보다 더울 것 같아요.

형태

-을 것 같다	-ㄹ 것 같다
먹을 것 같다	올 것 같다
많을 것 같다	짤 것 같다
★매울 것 같다	★만들 것 같다

1. 문장을 완성해 보세요.

(1) 날이 흐리네요. 곧 <u>비가 올 것 같아요</u>.
(비가 오다)

(2) 콘서트에 가고 싶은데 _____.
(표가 없다)

(3) 시험을 잘 봤어요. 이번에는 _____.
(합격하다)

(4) 에릭 씨는 성격이 정말 좋아요. _____.
(친구가 많다)

(5) 앗, 고추를 너무 많이 넣었어요. _____.
(맵다)

2. 알맞은 말을 골라 문장을 완성해 보세요.

자다   늦다   맛있다   비싸다   빠르다   재미있다

(1)
가 뭐 먹을까요?

나 음, 이 피자가 <u>맛있을 것 같아요</u>.

(2)
가 지금 노아 씨한테 전화해 볼까요?

나 아니요. 지금 _____.

(3)
가 저 가방 어때요? 메이 씨한테 잘 어울릴 것 같아요.

나 너무 _____.

(4)
가 우리 내일 이 영화를 볼까요?

나 좋아요. _____.

(5)
가 약속 시간에 _____. 택시를 탈까요?

나 아니요. 지하철이 더 _____.

말해 봐요

1. 여러분은 집에서 무슨 음식을 배달시키고 싶어요? 배달시키기 전에 〈보기〉와 같이 음식에 대해 말해 보세요.

2. 다음 배달 메뉴를 보고 〈보기〉와 같이 배달을 시켜 보세요.

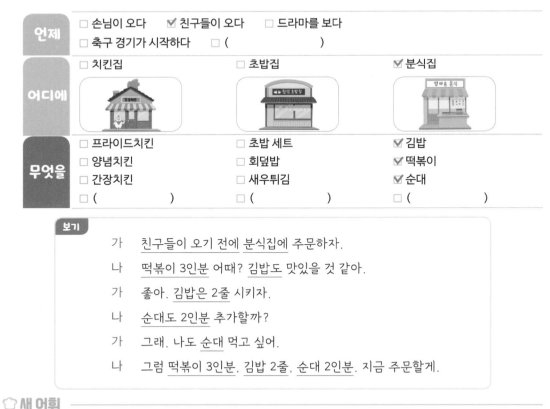

새 어휘

줄 row

읽어 봐요

◉ 배달 앱 광고입니다. 잘 읽고 맞으면 ◯, 틀리면 ✕ 표 해 보세요.

모든 메뉴 배달 가능!

회원 가입하시면

첫 주문은 배달료 무료!

모든 메뉴 10% 할인 쿠폰도 드립니다.

우리 동네 인기 있는 배달 맛집을 찾아보세요!

배달료 천 원만 추가하시면

한 집만 빠르게 배달해 드립니다.

지금 바로 주문하세요.

(1) 회원 가입을 하면 첫 주문은 배달료가 없습니다.   (   )

(2) 회원 가입을 하면 한 가지 메뉴를 10% 할인 받을 수 있습니다.   (   )

(3) 배달료를 1,000원만 내면 배달을 빠르게 받을 수 있습니다.   (   )

◯ 새 어휘

가입 join | 모든 all | 회원 member | 쿠폰 coupon | 배달료 delivery fee

 **문화 속으로**

● 한국에서 인기 있는 배달 음식은 뭘까요? 다음 글을 읽고 이야기해 보세요.

한국의 배달 음식

한국에서는 축구 경기가 있는 날 치킨 배달을 많이 시켜요. 축구를 보면서 치킨을 먹는 사람들이 많기 때문에 늦게 주문하면 배달이 너무 오래 걸려요. 축구 경기가 끝난 후에 치킨이 올 수 있으니까 일찍 주문하는 것이 좋아요. 치킨을 먹을 때는 맥주를 같이 마시는 사람이 많아요. 그래서 치킨 집에서 맥주도 같이 배달해 줘요.

이사하는 날에는 보통 짜장면을 배달시켜 먹어요. 짜장면 배달은 아주 빨라요. 세트 메뉴로 시키면 짜장면과 짬뽕, 탕수육을 같이 먹을 수 있어요.

친구들하고 생일 파티를 하는 날에는 피자 배달이 좋아요. 피자는 여러 명이 같이 먹을 수 있어요.

배달을 시키면 여러 가지 음식을 집에서 편하게 먹을 수 있어요. 그래서 사람들이 자주 이용해요.

1. 여러분은 무슨 음식을 배달시키고 싶어요?

2. 여러분 나라에서는 집에서 보통 무슨 음식을 배달시켜요?

6과

쫄깃쫄깃 수제비

알아봐요

오늘의 요리는 수제비예요. 영상을 잘 보고 질문에 답해 보세요.

1. 이 음식에 들어가는 재료를 골라 보세요.

□	□	□

박력 밀가루   중력 밀가루   강력 밀가루

2. 만드는 순서대로 번호를 써 보세요.

①   ②   ③   ④

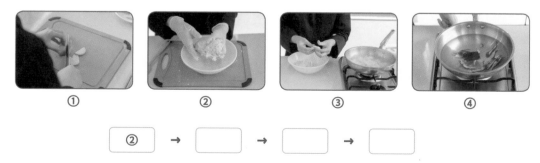

② → ⬚ → ⬚ → ⬚

 **만들어 봐요**

❶ 재료 준비

수제비를 만들 때 어떤 재료가 필요한지 살펴보세요. 그리고 새로 사야 되는 재료가 있다면
✔표 해 보세요.

[2인분 기준]

반죽	중력 밀가루 200g, 물 200ml, 소금 조금
국물	물 1L, 국물용 멸치 10마리, 다시마 10g, 감자 1/2개, 양파 1/4개, 애호박 1/4개, 대파 1/2대, 다진 마늘 1/2큰술, 국간장 1큰술, 멸치액젓 1/2 큰술, 후춧가루 조금

□ 상품 　 밀가루

□ 감자

□ 양파

□ 애호박

□ 상품 　 대파

□ 국간장

□ 멸치액젓

□ 국물용 멸치

□ 상품 　 다시마

□ 마늘

멸치액젓이 없으면 소금을 넣으면 돼요.

❷ 재료 손질

재료를 다음과 같이 준비해 보세요.

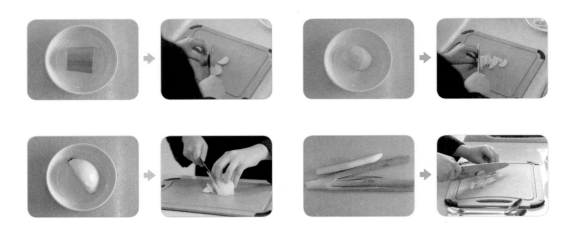

❸ 만드는 방법

수제비를 만드는 방법이에요. 빈칸에 알맞은 표현을 넣어 레시피를 완성해 보세요.

> 건져요   뜯어서   익으면   입맛에   반죽해요

밀가루에 소금을 조금 넣고 물을 조금씩 부으면서

(1)   반죽해요   .

밀가루 반죽은 비닐에 싸서 냉장고에 넣고 30분을 기다려요.

Add a little salt to the flour and gradually add water while kneading the dough. Wrap the dough in plastic and place it in the refrigerator for 30 minutes.

🍳 새 어휘 ─────────

국물 broth │ 멸치 anchovy │ 반죽 dough │ 국물용 for broth │ 다시마 kelp │ 애호박 zucchini │
멸치액젓 anchovy fish sauce

물 1L에 국물용 멸치와 다시마를 넣고 끓여요.

그다음 국물용 멸치와 다시마를 (2) _____.

Add broth anchovies and kelp to 1 liter of water and bring to a boil.
Then remove the broth anchovies and kelp.

국물에 감자를 먼저 넣고 잠시 끓여요. 그다음에 수제비를 얇게

(3) _____ 넣어요.

Add potatoes to the broth first and let it boil for a while. Then tear the
dough into thin pieces and add them.

수제비가 거의 (4) _____ 애호박, 양파, 대파를 넣
어요. 그리고 국간장, 멸치액젓, 다진 마늘을 넣어 간을 해요.

When the dough is almost cooked, add zucchini, onion, and green
onions. Season with soy sauce for soup, anchovy fish sauce, and
minced garlic.

(5) _____ 따라 후춧가루, 청양고추, 김 가루 등을 넣
어서 드세요.

Add black pepper, Cheongyang pepper, seaweed flakes, etc.,
according to your taste.

Part II ⌇ 오늘의 한국어 ⌇

🍳 들어 봐요

📍 여러분은 비가 오는 날 특별히 먹고 싶은 음식이 있어요? 한국 사람들은 어떨까요?

🎧 이 사람들은 오늘 뭘 먹을까요? 잘 들어 보세요. 🎧 TRACK 6

남편	비가 오니까 따뜻한 국물 요리를 먹고 싶어요.
아내	저도 그래서 오늘 점심은 수제비를 하려고 해요.
남편	와, 너무 좋아요. 수제비 반죽은 내가 할까요?
아내	고마워요. 그럼 난 마트에 빨리 다녀올게요. 집에 호박이 없어요.
남편	알겠어요. 비 오는데 조심히 다녀와요.

🎤 1. 다시 한번 잘 듣고 따라 해 보세요.

2. 친구하고 역할을 바꾸어 가며 이야기해 보세요.

🍲 새 어휘

조심히 carefully

○ 어휘

1. 한국 사람들이 날씨와 계절에 따라 먹는 음식 이름을 알아봐요. 먹어 보고 싶은 음식이 있어요?
   ✔표 하고 이야기해 보세요.

□ 수제비
Hand -fullled Dough Soup

□ 칼국수
Knife-cut Noodle Soup

□ 부침개
Pancake

□ 삼계탕
Ginseng Chicken Soup

□ 수박
watermelon

□ 붕어빵
Fish-Shaped Bread

□ 군고구마
Roasted Sweet Potato

2. 알맞은 것을 연결해 보세요.

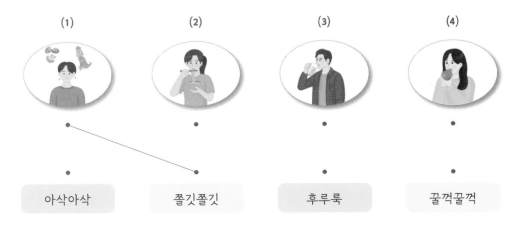

(1)   (2)   (3)   (4)

아삭아삭   쫄깃쫄깃   후루룩   꿀꺽꿀꺽

동사 으려고 하다

앞의 말이 나타내는 행동을 할 의도나 의향이 있음을 나타내는 표현.
An expression indicating the intention or willingness to perform the action stated.

예문

- 방학에 한국 요리를 배우려고 해요.

- 내일부터 운동을 시작하려고 해요.

- 퇴근 후에 레이나랑 밥을 먹으려고 하는데 같이 갈래요?

형태

−으려고 하다	−려고 하다
먹으려고 하다	가려고 하다
입으려고 하다	사려고 하다
★들으려고 하다	★만들려고 하다

1. 문장을 완성해 보세요.

(1) 주말에 아이들과 <u>영화를 보려고 해요</u> .
      (영화를 보다)

(2) 이따가 어디에서 _____ ?
      (밥을 먹다)

(3) 날씨가 너무 더워요. 그래서 _____ .
      (머리를 자르다)

(4) 내일부터 3일 동안 휴가예요. 친구하고 _____ .
      (바다에 가다)

(5) 한국에서 친구가 올 거예요. 그래서 공항으로 _____ .
      (마중을 나가다)

2. 대화를 완성해 보세요.

(1)

　가 오늘 오후에 뭐 할 거예요?

　나 백화점에서 <u>쇼핑을 하려고 해요</u>.
　　　　　　　　　　(쇼핑을 하다)

(2)

　가 주말에 뭐 할 거예요?

　나 도서관에 가서 ＿＿＿＿＿＿＿＿＿＿＿＿.
　　　　　　　　　　(시험공부를 하다)

(3)

　가 이번 방학에 뭐 할 거예요?

　나 이번 방학에는 ＿＿＿＿＿＿＿＿＿＿＿.
　　　　　　　　　　(집에서 푹 쉬다)

(4)

　가 엄마, 오늘 저녁 메뉴가 뭐예요?

　나 오늘은 ＿＿＿＿＿＿＿＿＿＿＿＿＿.
　　　　　　　　　(불고기를 만들다)

(5)

　가 내일이 에릭 생일인데 선물은 뭘 살 거야?

　나 겨울이니까 ＿＿＿＿＿＿＿＿＿＿＿＿.
　　　　　　　　　(장갑하고 목도리를 사다)

○ 문법 2

동사 **을게요**

말하는 사람이 어떤 행동을 할 것을 듣는 사람에게 약속하거나 의지를 나타내는 표현.

An expression where the speaker promises or shows determination to the listener to perform an action.

예문

- 채소는 제가 씻을게요.

- 메이한테는 제가 연락할게요.

- 오늘은 약속 시간에 늦지 않을게요.

형태

-을게요	-ㄹ게요
먹을게요	갈게요
찾을게요	줄게요
입을게요	★만들게요

1. '-을게요'를 사용하여 문장을 바꿔 써 보세요.

<나의 다짐>

1) 아침에 일찍 일어난다.

2) 일주일에 2번 운동을 한다.

3) 강아지를 1시간씩 산책시킨다.

4) 인터넷 게임을 많이 하지 않는다.

5) 저녁은 집에서 먹는다.

(1) _____아침에 일찍 일어날게요_____ .

(2) _____ .

(3) _____ .

(4) _____ .

(5) _____ .

2. 알맞은 말을 골라 대화를 완성해 보세요.

> 기다리다　　　다녀오다　　　도와주다　　　전화하다　　　청소하다

(1)
　가 가방이 너무 무거워요.

　나 제가 좀 <u>도와줄게요</u>.

(2)
　가 노아 씨한테는 누가 전화할 거예요?

　나 제가 _____.

(3)
　가 계란말이를 만들려고 하는데 계란이 없어요.

　나 제가 마트에 _____.

(4)
　가 오랜만에 대청소를 할까요?

　나 좋아요. 화장실은 제가 _____.

(5)
　가 죄송해요. 차가 막혀서 조금 늦을 것 같아요.

　나 괜찮아요. _____. 천천히 오세요.

말해 봐요

1. 오늘 저녁에 무슨 음식을 할 거예요? 그 음식을 만들 때 무슨 일을 할 거예요? ✔표 하고 〈보기〉와 같이 말해 보세요.

장 보기
- ☐ 배달을 시키다
- ☐ 온라인으로 주문하다
- ✔ 시장/마트에 다녀오다

재료 손질하기
- ☐ 씻다
- ☐ 다듬다
- ☐ 자르다

요리하기
- ☐ 볶다
- ✔ 끓이다
- ☐ 부치다
- ☐ 튀기다

보기

가 오늘 저녁은 불고기전골을 하려고 해요.

나 제가 <u>마트에 다녀올게요.</u>

가 고마워요. 저는 <u>육수를 끓일게요.</u>

2. 다음 요리 방법을 보고 〈보기〉와 같이 이야기해 보세요.

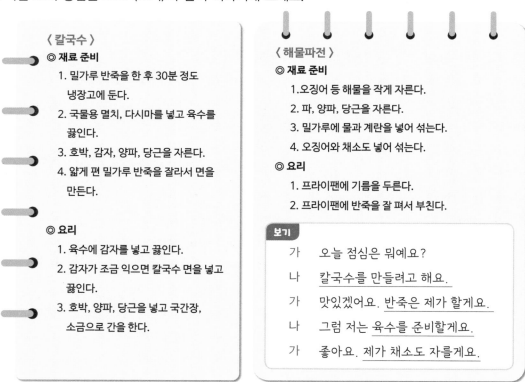

〈 칼국수 〉

◎ 재료 준비
1. 밀가루 반죽을 한 후 30분 정도 냉장고에 둔다.
2. 국물용 멸치, 다시마를 넣고 육수를 끓인다.
3. 호박, 감자, 양파, 당근을 자른다.
4. 얇게 편 밀가루 반죽을 잘라서 면을 만든다.

◎ 요리
1. 육수에 감자를 넣고 끓인다.
2. 감자가 조금 익으면 칼국수 면을 넣고 끓인다.
3. 호박, 양파, 당근을 넣고 국간장, 소금으로 간을 한다.

〈 해물파전 〉

◎ 재료 준비
1. 오징어 등 해물을 작게 자른다.
2. 파, 양파, 당근을 자른다.
3. 밀가루에 물과 계란을 넣어 섞는다.
4. 오징어와 채소도 넣어 섞는다.

◎ 요리
1. 프라이팬에 기름을 두른다.
2. 프라이팬에 반죽을 잘 펴서 부친다.

보기

가 오늘 점심은 뭐예요?

나 <u>칼국수를 만들려고 해요.</u>

가 맛있겠어요. <u>반죽은 제가 할게요.</u>

나 그럼 저는 <u>육수를 준비할게요.</u>

가 좋아요. 제가 <u>채소도 자를게요.</u>

🗨 새 어휘

섞다 mix ｜ 파전 Green Onion Pancake ｜ 펴다 spread ｜ 해물 seafood ｜ 다듬다 trim ｜ 오징어 squid ｜ 불고기전골 Bulgogi Hot Pot

읽어 봐요

◉ 인터넷에 '수제비'를 검색한 결과입니다. 잘 읽고 맞으면 ○, 틀리면 ✕ 표 해 보세요.

수제비 ⌨ ✕ 🔍 🎤

수제비, 어렵지 않아요
👨‍🍳 요리 사랑
조회 수 320만 회 3년 전
비 올 때 수제비 어때요? 저와 함께 만들어요.

국물 맛이 시원한 조개 수제비
👩‍🍳 엄마는요리사
조회 수 2.1만 회 2년 전
국물 맛이 최고예요 #조개#수제비

김치 수제비 정말 맛있어요!
👨‍🍳 김민수
조회 수 72만 회 10개월 전
매콤하고 쫄깃~ 오늘은 김치 수제비를 소개하려고 해요.

(1) 수제비는 맵게 먹지 않습니다.　　　　　　　　　　（　　　）

(2) 수제비에 해물을 넣어서 끓일 수 있습니다.　　　　（　　　）

(3) 요리 사랑의 영상을 사람들이 가장 많이 봤습니다.　（　　　）

◉ 한국 사람들은 비가 오면 주로 어떤 음식을 떠올릴까요? 다음 글을 읽고 이야기해 보세요.

비가 올 때 생각나는 음식

　　한국 사람들은 비가 오면 수제비나 칼국수 같은 따뜻한 국물 요리를 많이 먹어요. 이 음식들은 날씨와 상관없이 한국 사람들에게 사랑받는 음식이에요. 하지만 특히 비가 오거나 날씨가 흐릴 때 사람들이 더 많이 찾아요.

　　비가 올 때 수제비, 칼국수와 함께 사람들이 많이 찾는 음식은 부침개예요. 부침개는 김치전, 감자전, 파전 등 종류가 아주 많아요. 취향에 따라 얇게 만들기도 하고 피자처럼 두껍게 만들어서 먹기도 해요. 또 부침개를 먹을 때 막걸리를 마시는 경우가 많아서 한국 사람들은 부침개 하면 막걸리를 떠올려요.

1. 여러분은 언제 따뜻한 국물 요리를 먹고 싶어요?

2. 여러분 나라에서 비가 올 때 특별히 사랑받는 음식은 뭐예요?

7과

뜨끈뜨끈 닭한마리

 알아봐요

오늘의 요리는 닭한마리예요. 영상을 잘 보고 질문에 답해 보세요.

1. 이 음식에 들어가는 재료를 골라 보세요.

☐   ☐   ☐

감자   고구마   당근

2. 만드는 순서대로 번호를 써 보세요.

①   ②   ③   ④

③ → [ ] → [ ] → [ ]

 **만들어 봐요**

① 재료 준비

닭한마리를 만들 때 어떤 재료가 필요한지 살펴보세요. 그리고 새로 사야 되는 재료가 있다면
✔표 해 보세요.

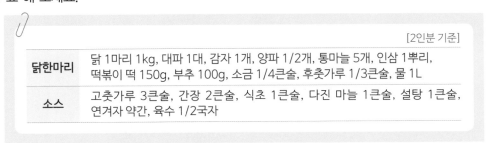

[2인분 기준]

닭한마리	닭 1마리 1kg, 대파 1대, 감자 1개, 양파 1/2개, 통마늘 5개, 인삼 1뿌리, 떡볶이 떡 150g, 부추 100g, 소금 1/4큰술, 후춧가루 1/3큰술, 물 1L
소스	고춧가루 3큰술, 간장 2큰술, 식초 1큰술, 다진 마늘 1큰술, 설탕 1큰술, 연겨자 약간, 육수 1/2국자

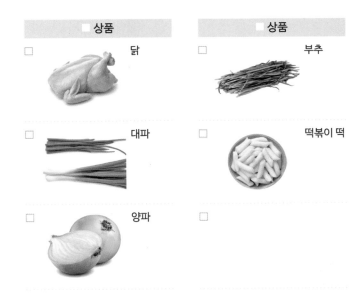

□ 상품   □ 상품

□ 닭   □ 부추

□ 대파   □ 떡볶이 떡

□ 양파   □

닭볶음탕용으로 사면
손질이 더 쉬워요.

인삼도 조금 넣어 주면
국물이 더 맛있고
건강에도 좋아요.

❷ 재료 손질

재료를 다음과 같이 준비해 보세요.

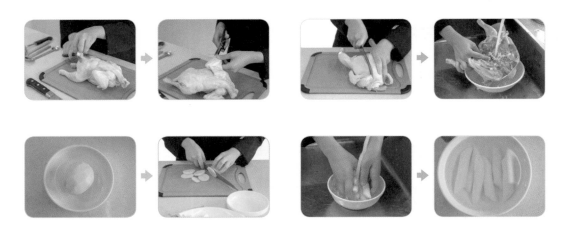

❸ 만드는 방법

닭한마리를 만드는 방법이에요. 빈칸에 알맞은 표현을 넣어 레시피를 완성해 보세요.

> 덮고   끓으면   걷어내요   간을 해요   옮겨 담고

큰 냄비에 닭, 양파, 대파, 통마늘, 인삼, 물을 넣고 센 불에서 끓여요. 끓기 시작하면 10분 더 끓여요. 이때 거품과 기름은

(1)   걷어내요   .

Put the chicken, onion, green onion, whole garlic, ginseng, and water in a large pot and bring to a boil over high heat. Once it starts boiling, continue to boil for 10 more minutes. During this time, skim off the foam and fat.

🍽️ 새 어휘 ────────────────

국자 ladle | 인삼 ginseng | 뿌리 root | 연겨자 light mustard | 통마늘 whole garlic

 뚜껑을 (2)   중불에서 20분 정도 더 끓여요.

Cover with a lid and simmer over medium heat for about 20 more minutes.

 다른 냄비에 닭과 국물을 (3)   감자를 넣어요.

국물에 소금으로 (4)   . 후춧가루도 넣어 주세요.

Transfer the chicken and broth to another pot and add the potatoes. Season the broth with salt and add black pepper.

 여기에 떡과 부추를 넣어요. 보글보글 (5)   완성! 소스에 찍어서 맛있게 드세요.

Add rice cakes and chives. When it starts to bubble, it's ready! Dip in the sauce and enjoy.

🍳 들어 봐요

📍 여러분은 더울 때 무슨 음식을 먹어요? 한국 사람들은 무슨 음식을 먹을까요?

🎧 이 사람들은 식당에서 뭘 먹을까요? 잘 들어 보세요. 🎧 TRACK 7

지민	식당에 사람이 정말 많네요.

연아   아, 오늘이 복날이에요. 그래서 평소보다 더 많은 것 같아요.

(음식이 나온 후)

직원   끓은 후에 드시면 돼요.

지민   네. 감사합니다.

직원   고기 먼저 다 드신 후에 칼국수 넣어 드릴게요.

연아   네. 감자는 지금 먹어도 돼요?

직원   지금 드시면 안 돼요. 마지막에 밥하고 같이 볶아 드릴게요.

🎤 1. 다시 한번 잘 듣고 따라 해 보세요.

    2. 친구하고 역할을 바꾸어 가며 이야기해 보세요.

🍳 새 어휘 ─────────

복날 dog days of summer | 평소 usually

○ 어휘

1. 닭한마리에 추가할 수 있는 음식 이름을 알아봐요. 무엇을 추가하고 싶어요? ✔표 하고 이야기
   해 보세요.

☐ 칼국수 noodle soup

☐ 수제비 dough soup

☐ 볶음밥 fried rice

☐ 떡 rice cake

2. 알맞은 것을 연결해 보세요.

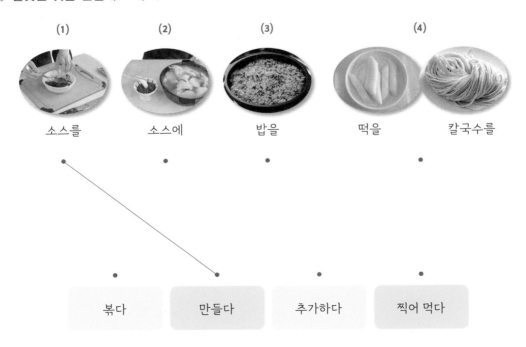

|(1)|(2)|(3)|(4)|
|소스를|소스에|밥을|떡을   칼국수를|

볶다   만들다   추가하다   찍어 먹다

동사 은 후에

앞에 오는 말이 나타내는 행동을 하고 시간적으로 뒤에 다른 행동을 함을 나타내는 표현.
An expression indicating that after performing the action stated earlier,
another action is performed later.

예문

• 손을 깨끗이 씻은 후에 요리를 시작해요.

• 설거지를 다 한 후에 차를 마셨어요.

• 오늘 퇴근한 후에 같이 영화 볼까?

형태

-은 후에	-ㄴ 후에
먹은 후에	간 후에
읽은 후에	본 후에
★들은 후에	★만든 후에

1. 알맞은 말을 골라 문장을 완성해 보세요.

> 가다   듣다   먹다   오다   모으다

(1) 밥을 ___먹은 후에___ 약을 먹어요.

(2) 비가 _____ 하늘이 깨끗해졌어요.

(3) 설명을 잘 _____ 따라 해 보세요.

(4) 돈을 많이 _____ 여행을 갈 거예요.

(5) 손님들이 다 _____ 식탁을 정리했어요.

2. 대화를 완성해 보세요.

(1)
> 가 언제 드라마를 봤어요?
>
> 나 ___숙제를 다 한 후에___ 드라마를 봤어요.
>   (숙제를 다 하다)

(2)
> 가 어떻게 해 드릴까요?
>
> 나 _____ 염색을 해 주세요.
>   (머리를 자르다)

(3)
> 가 이제 접시에 담으면 끝이에요?
>
> 나 불고기를 _____ 마지막으로 깨를 뿌려 주세요.
>   (접시에 담다)

(4)
> 가 다 읽은 책은 어떻게 할까요?
>
> 나 책을 다 _____ 책장에 다시 꽂아 주세요.
>   (읽다)

(5)
> 가 언제 한국 여행을 갈 거예요?
>
> 나 _____ 한국으로 여행을 갈 거예요.
>   (한국어를 배우다)

○ 문법 2

동사 형용사 으면 안 되다

어떤 행동이나 상태를 금지하거나 제한함을 나타내는 표현.
An expression indicating prohibition or restriction of an action or state.

예문

- 사과는 밤에 먹으면 안 돼요.
  건강에 안 좋아요.

- 여기에서 담배를 피우면 안 됩니다.

- 약속 시간에 늦으면 안 돼요.

형태

-으면 안 되다	-면 안 되다
찍으면 안 되다	가면 안 되다
늦으면 안 되다	하면 안 되다
★들으면 안 되다	크면 안 되다

1. 문장을 완성해 보세요.

(1) 닭이 너무 ___크면 안 돼요___. 12호 정도가 좋아요.
          (크다)

(2) 여기에 쓰레기를 _____.
                    (버리다)

(3) 수업 시간에 휴대폰을 _____.
                      (사용하다)

(4) 지하철에서 큰 소리로 _____.
                      (이야기하다)

(5) 공연이 벌써 시작했어요. 지금 _____.
                              (들어가다)

2. 그림을 보고 대화를 완성해 보세요.

(1)
가 여기에서 요리해도 돼요?

나 아니요. 여기에서 <u>요리하면 안 돼요</u>.

(2)
가 여기에서 담배를 피워도 돼요?

나 아니요. 여기에서 _____.

(3)
가 버스에 음료수를 가지고 타도 돼요?

나 아니요. 음료수를 가지고 _____.

(4)
가 여기에서 사진을 찍어도 돼요?

나 아니요. 여기에서 사진을 _____.

(5)
가 강아지를 데리고 들어가도 돼요?

나 아니요. 강아지를 데리고 _____.

말해 봐요

1. 여러분은 어떤 순서로 요리를 해요? 〈보기〉와 같이 말해 보세요.

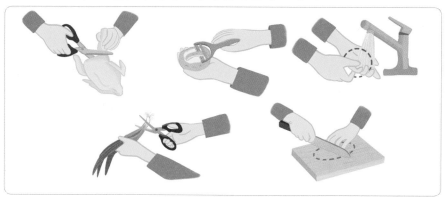

> **보기**
>
> 먼저 닭을 손질한 후에
> 깨끗이 씻어요.
>
> 파를 씻은 후에
> 썰어요.

2. 다음 메모를 보고 〈보기〉와 같이 이야기해 보세요.

양념 넣는 순서

설탕 → 소금

※ 설탕을 나중에 넣으면 단맛이 잘 안 나요.

소금 → 식초

※ 식초는 끓이면 신맛이 날아가요.

재료 볶는 순서

파, 마늘 → 고기

※ 파나 마늘로 기름을 내서 볶으면 더 맛있어요.

고기 → 채소

※ 채소는 살짝 볶아야 맛있어요.

> **보기**
>
> 가 　소금을 먼저 넣어도 돼요?
>
> 나 　아니요. 소금을 먼저 넣으면 안 돼요. 설탕 먼저 넣은 후에 소금을
> 　　넣으세요.
>
> 가 　소금을 넣은 후에는 뭘 넣어요?
>
> 나 　식초를 넣어요. 그러면 음식이 더 맛있어요.

 새 어휘 ─────────

살짝 lightly ┃ 날아가다 fly away ┃ 기름을 내다 render fat

📖 읽어 봐요

⦿ 식당에 있는 안내문입니다. 잘 읽고 맞으면 ○, 틀리면 ✕ 표 해 보세요.

> ### "닭한마리를 더 맛있게 먹는 방법!"
>
> 다음 안내에 따라 드시면 더 맛있게 드실 수 있습니다.
>
> ① 먼저 소스를 만들어요.
>
> ② 소스를 다 만든 후에 떡을 소스에 찍어 드세요.
>
> ③ 떡을 드신 후에 고기를 드세요.
>
> ④ 고기를 드신 후에 칼국수를 넣어 드세요.
>
> ⑤ 다 드신 후에는 밥을 볶아서 드시면 됩니다.
>
> ※ 이때 감자하고 같이 볶으면 더 맛있어요!

(1) 떡을 먹기 전에 소스를 만들어야 합니다.　　　　　　　　(　　)

(2) 고기를 먼저 먹고 떡을 소스에 찍어 먹습니다.　　　　　　(　　)

(3) 칼국수와 감자를 같이 먹으면 더 맛있습니다.　　　　　　(　　)

🍽 새 어휘

안내에 따라 according to the instructions

 **문화 속으로**

◉ 한국에서는 더운 여름에 무슨 음식을 먹을까요? 다음 글을 읽고 이야기해 보세요.

한국의 복날

한국에는 '복날'이 있어요. 음력 6월과 7월 사이, 가장 더운 여름에 복날이 세 번 있는데, 이를 '초복', '중복', '말복'이라고 해요.

복날에는 더위를 이기기 위해 뜨거운 음식을 먹어요. 더울 때 차가운 음식을 많이 먹으면 배탈이 날 수 있어요. 오히려 뜨거운 음식을 먹고 땀을 흘리면 아주 시원해요. 그래서 삼계탕이나 닭한마리가 인기가 많아요.

요즘에는 삼계탕이나 닭한마리 대신 간편하게 치킨을 먹기도 해요.

1. 여러분은 날씨가 더울 때 무슨 음식을 먹고 싶어요?

2. 여러분 나라에도 복날과 비슷한 날이 있어요? 그날 무슨 음식을 먹어요?

8과

단짠단짠 소떡소떡

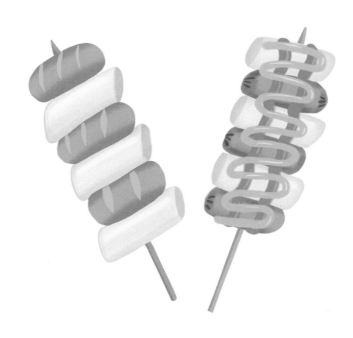

≥ 오늘의 요리 ≤

🍲 알아봐요

오늘의 요리는 소떡소떡이에요. 영상을 잘 보고 질문에 답해 보세요.

1. 이 음식에 들어가는 재료를 골라 보세요.

☐   ☐   ☐

어묵   게맛살   비엔나소시지

2. 만드는 순서대로 번호를 써 보세요.

①   ②   ③   ④

② → ⬜ → ⬜ → ⬜

 **만들어 봐요**

❶ **재료 준비**

소떡소떡을 만들 때 어떤 재료가 필요한지 살펴보세요. 그리고 새로 사야 되는 재료가 있다면
✔표 해 보세요.

[꼬치 6개 기준]

소떡소떡	떡볶이 떡 300g, 비엔나소시지 300g, 꼬치 6개, 식용유
소스	설탕 3큰술(36g), 진간장 1큰술(10g), 케첩 2큰술(40g), 고추장 1/2큰술 (10g), 물 1/3컵(60ml)

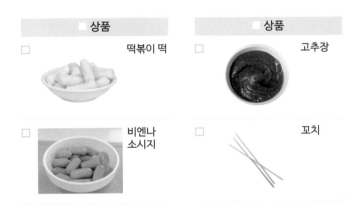

☐ 상품   ☐ 상품

☐   떡볶이 떡   ☐   고추장

☐   비엔나 소시지   ☐   꼬치

꼬치가 없으면 이쑤시개로 해도 돼요.

비엔나소시지를 사각 어묵에 싸서 해도 맛있어요.

❷ 재료 손질

재료를 다음과 같이 준비해 보세요.

❸ 만드는 방법

소떡소떡을 만드는 방법이에요. 빈칸에 알맞은 표현을 넣어 레시피를 완성해 보세요.

내요   꽂아요   끓여요   두르고   바르면   데친 후에

소시지에 칼집을 (1)   내요   .

Score the vienna sausages.

떡볶이 떡을 끓는 물에 1분 정도 (2)   물기를 잘 빼 줘요.

Blanch the tteokbokki rice cakes in boiling water for about 1 minute, then drain well.

🍲 새 어휘

꼬치 skewer | 케첩 ketchup | 이쑤시개 toothpick | 비엔나소시지 vienna sausage

꼬치에 소시지와 떡을 순서대로 하나씩 (3)

Skewer the sausages and rice cakes alternately on the skewers.

냄비에 물, 설탕, 케첩, 진간장, 고추장을 넣고 (4)   .

In a pot, bring water, sugar, ketchup, soy sauce, and red pepper paste to a boil.

기름을 넉넉하게 (5)   꼬치를 굽습니다.

Add plenty of oil to a pan and grill the skewers.

불을 약불로 줄이고 잘 구워진 꼬치에 소스를 잘

(6)   완성!

Reduce the heat to low and brush the well-grilled skewers with the sauce to finish!

들어 봐요

📍 여러분은 휴게소에 가면 보통 무엇을 먹어요? 한국 사람들은 휴게소에서 무슨 음식을 먹을까요?

🎧 이 손님은 뭘 주문했을까요? 잘 들어 보세요. 🎧TRACK 8

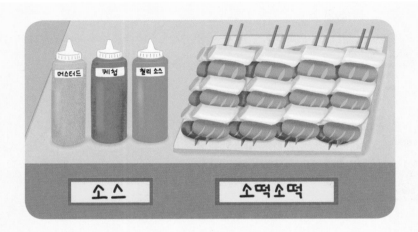

소 스   소떡소떡

손님	소떡소떡 하나 주세요.
점원	네. 소스는 어떤 걸로 뿌려 드릴까요?
손님	뭐가 맛있어요? 인기 많은 걸로 추천해 주세요.
점원	고추장 소스를 제일 많이 하고 머스터드랑 칠리 소스도 많이 뿌려요.
손님	고추장 소스는 좀 맵지요?
점원	네. 매운 거 못 드시면 머스터드랑 칠리 소스로 하세요.
손님	네. 그걸로 주세요.

🎙 1. 다시 한번 잘 듣고 따라 해 보세요.

   2. 친구하고 역할을 바꾸어 가며 이야기해 보세요.

👄 새 어휘

칠리 chili | 뿌리다 sprinkle | 머스터드 mustard | 추천하다 recommend

○ 어휘

1. 휴게소 인기 메뉴 이름을 알아봐요. 먹어 보고 싶은 음식이 있어요? ✔표 하고 이야기해 보세요.

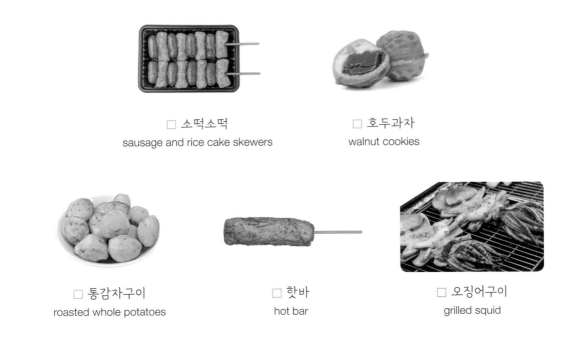

☐ 소떡소떡
sausage and rice cake skewers

☐ 호두과자
walnut cookies

☐ 통감자구이
roasted whole potatoes

☐ 핫바
hot bar

☐ 오징어구이
grilled squid

2. 알맞은 것을 연결해 보세요.

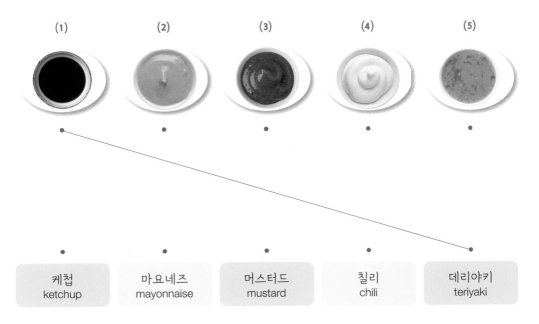

(1)　　　(2)　　　(3)　　　(4)　　　(5)

케첩
ketchup

마요네즈
mayonnaise

머스터드
mustard

칠리
chili

데리야키
teriyaki

> ### 동사 형용사 **지요?**
>
> 이미 알고 있는 것을 다시 확인하듯이 물을 때 쓰는 표현.
> An expression used to confirm something you already know.

예문

- 이 케이크가 달지요?

- 물냉면이 시원하지요?

- 숙제를 다 했지요?

형태

-지요?
알지요?
크지요?

1. 문장을 완성해 보세요.

(1) 장미가 참 <u>　예쁘지요　</u> ?
　　　　　　　　(예쁘다)

(2) 한국의 겨울은 많이 _____ ?
　　　　　　　　　　　　　　(춥다)

(3) 메이 씨는 한국 음식을 _____ ?
　　　　　　　　　　　　　　(좋아하다)

(4) 오늘은 토요일이니까 학교에 안 _____ ?
　　　　　　　　　　　　　　　　　　(가다)

(5) 어제 먹은 수제비가 _____ ?
　　　　　　　　　　　　(맛있다)

2. 알맞은 말을 골라 대화를 완성해 보세요.

> 맵다   살다   오다   잘하다   힘들다

(1)
가 김치찌개가 <u>맵지요</u> ?

나 네. 조금 맵지만 맛있어요.

(2)
가 에릭 씨가 한국어를 _____ ?

나 네. 정말 잘해요.

(3)
가 메이 씨 언니도 일본에 _____ ?

나 아니요. 미국으로 유학 갔어요.

(4)
가 한국 요리를 배우는 게 _____ ?

나 아니요. 별로 힘들지 않아요. 재미있어요.

(5)
가 어제 눈이 많이 _____ ?

나 네. 눈이 정말 많이 내렸어요.

못 동사

동사가 나타내는 동작을 할 수 없음을 나타내는 표현.
An expression indicating the inability to perform the action described by the verb.

예문

· 저는 술을 못 마셔요.

· 우리 아이가 아직 한글을 못 읽어요.

· 가: 숙제했어요?
  나: 아니요. 아직 숙제를 못 했어요.

형태

못
못 먹다
못 가다
운동 못 하다

1. 문장을 완성해 보세요.

(1) 저는 자전거를 ___못 타요___ .
                    (타다)

(2) 표가 없어요. 그래서 콘서트에 _____ .
                                      (가다)

(3) 요즘 너무 바빠요. 그래서 친구를 _____ .
                                          (만나다)

(4) 밀가루가 부족해요. 그래서 케이크를 _____ .
                                          (만들다)

(5) 옆집이 너무 시끄러웠어요. 그래서 잠을 _____ .
                                          (자다)

2. 알맞은 말을 골라 대화를 완성해 보세요.

먹다   듣다   받다   치다   운동하다
---

(1)
가 오늘 숙제가 뭐예요?

나 미안해요. 저도 잘 못 들었어요 .

(2)
가 메이 씨, 피아노를 잘 쳐요?

나 아니요. 저는 피아노를 _____.

(3)
가 요즘에도 헬스장에 자주 가요?

나 아니요. 다리를 좀 다쳤어요. 그래서 _____.

(4)
가 저녁 먹었어요?

나 아니요. 시간이 없었어요. 그래서 아직 _____.

(5)
가 아까 왜 전화를 안 받았어요?

나 미안해요. 휴대폰 배터리가 없었어요. 그래서 전화를

_____.

말해 봐요

1. 여러분은 무슨 맛을 선택하고 싶어요? ✔표 하고 〈보기〉와 같이 말해 보세요.

소스

| ✔치즈 | □ 케첩 | □ 마요네즈 | □ 머스터드 | □ 데리야키 |
| □ 핫소스 | □ 간장 소스 | □ 불닭 소스 | □ 칠리 소스 | ✔고추장 소스 |

보기1

치즈는 좀 느끼하지요?

네. 좀 느끼해요.

보기2

고추장 소스는 좀 맵지요?

아니요. 별로 안 매워요.

2. 다음 메뉴를 보고 〈보기〉와 같이 이야기해 보세요.

✔핫도그	✔ 설탕	✔ 케첩	✔머스터드
	□ 칠리 소스	□ 치즈 디핑 소스	
□닭꼬치	□ 바비큐	□ 불닭 소스	□ 크림 소스
□핫바	□ 케첩	□ 머스터드	□ 불닭 소스

보기

가 핫도그 하나 주세요.

나 네. 소스는 어떤 걸로 뿌려 드릴까요?

가 뭐가 맛있어요? 인기 많은 걸로 추천해 주세요.

나 설탕을 제일 많이 하고 케첩이랑 머스터드도 많이 뿌려요.

가 설탕은 많이 달지요?

나 네. 단 거 안 좋아하시면 케첩이랑 머스터드로 하세요.

가 네. 그걸로 주세요.

새 어휘

핫소스 hot sauce | 불닭 소스 fire chicken sauce | 치즈 디핑 소스 cheese dipping sauce

읽어 봐요

◉ 설문 조사 결과입니다. 잘 읽고 맞으면 ○, 틀리면 ✕표 해 보세요.

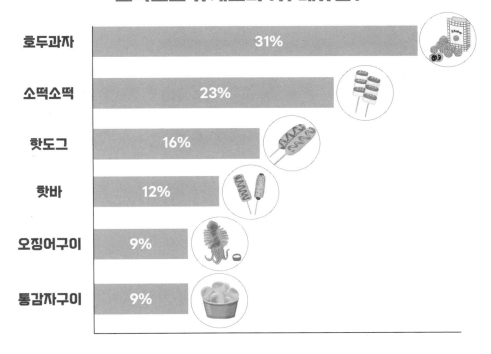

고속도로 휴게소의 1위 메뉴는?

- 호두과자 31%
- 소떡소떡 23%
- 핫도그 16%
- 핫바 12%
- 오징어구이 9%
- 통감자구이 9%

(1) 호두과자가 휴게소에서 가장 인기가 많습니다. ( )

(2) 사람들은 핫도그보다 핫바를 더 좋아합니다. ( )

(3) 오징어구이와 통감자구이는 순위가 같습니다. ( )

◯ 새 어휘

휴게소 rest area │ 고속도로 highway

◯ 한국 사람들은 휴게소에서 어떤 음식을 먹을까요? 다음 글을 읽고 이야기해 보세요.

휴게소 인기 메뉴

한국의 고속도로 휴게소에는 먹거리가 많이 있어요. 예전에는 비빔밥이나 찌개, 국수 등 식사 메뉴를 주로 팔았어요. 요즘에는 메뉴가 더 다양해졌고 각 휴게소마다 유명한 음식이 있어요.

휴게소에서 가장 인기가 많은 메뉴는 커피예요. 운전을 할 때 졸리면 안 되기 때문에 여름에는 시원한 아이스 커피를, 겨울에는 따뜻한 커피를 마셔요.

또 사람들이 많이 찾는 메뉴 중 하나는 간식이에요. 소떡소떡, 핫도그, 핫바, 호두과자 등은 휴게소에서 잠시 쉬는 동안 간단하게 먹을 수 있어요. 그래서 사람들이 좋아해요.

휴게소 음식은 여행에서 빠질 수 없는 즐거움이에요.

1. 여러분은 휴게소 음식 중 무슨 음식을 먹어 보고 싶어요?

2. 여러분 나라의 휴게소에서는 보통 무엇을 팔아요?

9과

호호 호떡

알아봐요

오늘의 요리는 호떡이에요. 영상을 잘 보고 질문에 답해 보세요.

1. 이 음식에 들어가는 재료를 골라 보세요.

식용유   올리브유   참기름

2. 만드는 순서대로 번호를 써 보세요.

①   ②   ③   ④

① → ☐ → ☐ → ☐

 **만들어 봐요**

❶ 재료 준비

호떡을 만들 때 어떤 재료가 필요한지 살펴보세요. 그리고 새로 사야 되는 재료가 있다면
✔표 해 보세요.

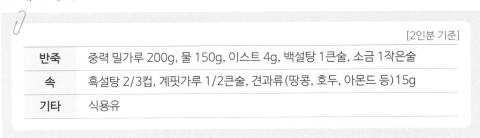

[2인분 기준]

반죽	중력 밀가루 200g, 물 150g, 이스트 4g, 백설탕 1큰술, 소금 1작은술
속	흑설탕 2/3컵, 계핏가루 1/2큰술, 견과류(땅콩, 호두, 아몬드 등)15g
기타	식용유

□상품		□상품	
□	밀가루	□	호두
□	이스트	□	아몬드
□	흑설탕	□	식용유
□	계핏가루	□	

취향에 따라 계핏가루는
빼도 돼요. 그리고 견과류는
원하는 종류로 고르면 돼요.

❷ 재료 손질

재료를 다음과 같이 준비해 보세요.

 →  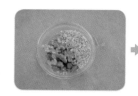 →

❸ 만드는 방법

호떡을 만드는 방법이에요. 빈칸에 알맞은 표현을 넣어 레시피를 완성해 보세요.

바르고   섞어서   뒤집어요   구워 주면   부어 주며

밀가루에 소금과 설탕을 넣고 이스트 녹인 물을 조금씩

(1)   부어 주며   반죽을 해요. 반죽은 비닐에 싸서 40분~

1시간 동안 실온에 두세요.

Add salt and sugar to the flour and slowly pour in the water with dissolved yeast while kneading the dough. Wrap the dough in plastic and leave it at room temperature for 40 minutes to 1 hour.

흑설탕과 견과류, 계핏가루를 (2)   속 재료를 만들어요.

Mix brown sugar, nuts, and cinnamon powder to make the filling.

👨‍🍳 새 어휘 ─

속 inside ｜ 땅콩 peanut ｜ 호두 walnut ｜ 견과류 nuts ｜ 백설탕 white sugar ｜ 아몬드 almond ｜
이스트 yeast ｜ 흑설탕 brown sugar ｜ 계핏가루 cinnamon powder

양손에 식용유를 (3)   반죽을 뜯어서 한쪽 손에 조금 펴 줘요. 반죽 안에 속 재료를 잘 넣어요.

Rub cooking oil on both hands, tear off a piece of dough, and flatten it slightly in one hand. Place the filling inside the dough.

식용유를 두른 프라이팬에 반죽을 놓고 한쪽 면이 노릇해지면 (4)   .

Place the dough in a frying pan greased with cooking oil and flip it when one side turns golden brown.

누르개로 반죽을 눌러 (5)   끝!

Press the dough with a press and cook until done!

들어 봐요

📍 여러분은 식사 후에 주로 무엇을 먹어요? 한국 사람들은 후식으로 무슨 음식을 먹을까요?

🎧 이 사람들은 오늘 뭘 먹을까요? 잘 들어 보세요. 🎧TRACK 9

은우	여기가 그렇게 맛있어요?
제이	그럼요. 기대하세요.
은우	하하, 정말 기대되네요. 메뉴 좀 추천해 주세요. 저는 지금 배가 불러서 가벼운 게 좋겠어요.
제이	그럼 호떡을 먹어 보세요. 아이스크림이랑 같이 나오는데 양도 많지 않고 너무 맛있어요.
은우	좋아요. 그럼 저는 호떡요.

🎤 1. 다시 한번 잘 듣고 따라 해 보세요.

　2. 친구하고 역할을 바꾸어 가며 이야기해 보세요.

🍳 **새 어휘**

　가볍다 light ｜ 기대하다 expect

○ 어휘

1. 한국의 대표적인 후식 이름을 알아봐요. 먹어 보고 싶은 음식이 있어요? ✔표 하고 이야기해 보세요.

☐ 호떡
Syrup-filled Pancake

☐ 약과
Honey Cookie

☐ 식혜
Sweet Rice Punch

☐ 수정과
Cinnamon Punch

☐ 매실차
Green Plum Tea

2. 알맞은 것을 연결해 보세요.

(1)   (2)   (3)

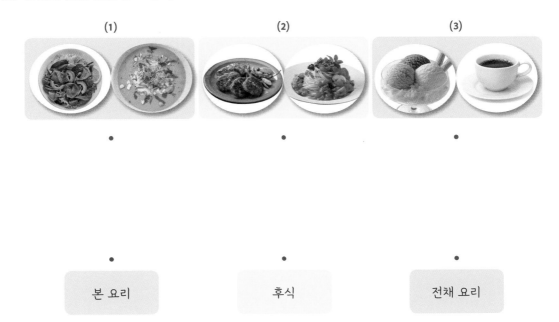

본 요리   후식   전채 요리

○ 문법 1

동사 형용사 어서

이유나 근거를 나타내는 표현.
An expression indicating a reason or basis.

예문

• 길이 막혀서 늦을 것 같아요.

• 배가 고파서 먼저 밥을 먹었어요.

• 피곤해서 잠깐 쉬려고 해요.

형태

-어서	-아서	-해서
내려서	가서	운동해서
★예뻐서	작아서	깨끗해서

---

1. 다음을 한 문장으로 만들어 보세요.

(1) 이 노래를 들으면 신나요. 그래서 자주 들어요.

　→ _____이 노래를 들으면 신나서 자주 들어요_____ .

(2) 운동화가 좀 작아요. 그래서 오래 걸으면 발이 아파요.

　→ _____ .

(3) 아침에 늦잠을 잤어요. 그래서 회사에 지각했어요.

　→ _____ .

(4) 지갑을 안 가져왔어요. 그래서 친구한테 돈을 빌렸어요.

　→ _____ .

(5) 갑자기 비가 왔어요. 그래서 편의점에서 우산을 샀어요.

　→ _____ .

2. 대화를 완성해 보세요.

(1)
　가 왜 병원에 가요?

　나 <u>기침이 심해서</u> 병원에 가려고 해요.
　　　(기침이 심하다)

(2)
　가 어제 한국어 수업에 왜 안 왔어요?

　나 회사에서 _____ 못 갔어요.
　　　　　　　(회식을 하다)

(3)
　가 점심 안 먹을 거예요?

　나 네. _____ 배가 별로 안 고파요.
　　　　(아침을 늦게 먹다)

(4)
　가 이 식당에는 항상 사람이 많네요.

　나 값도 싸고 _____ 사람이 많은 것 같아요.
　　　　　　　(음식이 맛있다)

(5)
　가 노아 씨, 오늘 같이 영화 볼래요?

　나 미안해요. 오늘은 _____ 안 돼요. 다음에 봐요.
　　　　　　　　　(다른 약속이 있다)

문법 2

동사 어 보다

앞의 말이 나타내는 행동을 시험 삼아 함을 나타내는 표현.
An expression indicating that the action stated in the previous sentence is done as a test.

예문

• 내가 만든 건데 한번 먹어 볼래?

• 그 사람을 한번 만나 보세요.

• 세계 여행을 꼭 해 보고 싶어요.

형태

-어 보다	-아 보다	-해 보다
먹어 보다	가 보다	전화해 보다
읽어 보다	앉아 보다	연습해 보다
★들어 보다	만나 보다	이야기해 보다

1. 알맞은 말을 골라 문장을 완성해 보세요.

> 가다　　신다　　읽다　　만들다　　기다리다

(1) 그 식당 음식이 정말 맛있어요. 다음에 한번 <u>가 보세요</u> .

(2) 곧 연락이 올 거예요. 조금만 더 _____ .

(3) 불고기 만드는 게 어렵지 않으니까 한번 _____ .

(4) 이 신발이 마음에 드세요? 그럼 직접 한번 _____ .

(5) 이 웹툰 아직 안 봤으면 꼭 _____ . 너무 재미있어요.

2. 대화를 완성해 보세요.

(1)
가 빵 종류가 정말 많네요. 뭐 먹고 싶어요?

나 저는 저거 한번 <u>먹어 보고 싶어요</u>.

(2)
가 부산에서 꼭 가 보고 싶은 곳이 있어요?

나 네. 저는 해운대에 _____.

(3)
가 배우고 싶은 운동이 있어요?

나 테니스를 한번 _____. 그래서 수업을 알아보려고 해요.

(4)
가 이 모자가 메이 씨한테 정말 잘 어울릴 것 같아요.
한번 _____?

나 네. 써 볼게요. 저도 마음에 드네요.

(5)
가 뭘 만들 거예요?

나 떡볶이요. 저번에 만들었는데 맛이 없어서 다시 한번 _____.

말해 봐요

1. 다음은 한국의 음식 지도예요. 이곳에서 뭘 먹으면 좋을까요? 〈보기〉와 같이 말해 보세요.

□ 춘천 - 닭갈비
□ 횡성 - 한우
□ 전주 - 비빔밥
□ 부산 - 밀면
□ 제주 - 고기국수

보기

다음 주에 춘천으로 여행을 갈 거예요.

춘천에 가면 닭갈비를 먹어 보세요. 정말 맛있어요.

2. 음식을 맛있게 만드는 방법을 보고 〈보기〉와 같이 이야기해 보세요.

음식 이름	맛있게 만드는 방법
닭한마리	감자는 마지막에 밥하고 같이 볶아 먹는다.
불고기	고기를 먼저 볶고 그 후에 채소를 넣어서 볶는다.
수제비	소금 대신 멸치액젓을 1큰술 넣는다.

보기

가 오늘 저녁 메뉴 좀 추천해 주세요.

나 닭한마리 어때요?

가 좋네요. 그런데 제가 요리를 잘 못해서 자신이 없어요.

나 이 레시피를 따라 해 보세요. 어렵지 않아요. 그리고 감자는 마지막에 밥하고 같이 볶아 먹어 보세요. 더 맛있어요.

가 고마워요. 그렇게 해 볼게요.

🍲 **새 어휘** ─────────

자신이 없다 not confident

📖🍴 읽어 봐요

◉ 카페에 다녀온 사람이 남긴 후기입니다. 잘 읽고 맞으면 ○, 틀리면 ✕표 해 보세요.

(1) 이 카페는 오래전부터 있었습니다. (   )

(2) 이 카페에는 다양한 떡이 있습니다. (   )

(3) 이 사람은 배가 불러서 떡을 다 못 먹었습니다. (   )

🍞 새 어휘

설기 steamed rice cake | 시그니처 signature

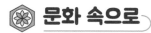

◎ 한국의 전통 후식은 지금 어떤 모습일까요? 다음 글을 읽고 이야기해 보세요.

전통 후식의 새로운 모습

약과

팥라테

한국의 전통 후식으로는 약과, 떡, 식혜, 수정과 등이 있어요. 한국 사람들은 이런 음식을 명절 같은 특별한 날에 먹고 평소에는 쿠키, 케이크, 커피 등 서양식 후식을 더 자주 먹어요.

그런데 얼마 전부터 젊은 사람들 사이에서 전통 후식이 크게 유행하게 되었어요. 그래서 요즘에는 카페나 마트, 편의점에서도 이런 전통 후식을 쉽게 볼 수 있어요. 옛날 모습 그대로의 제품도 많고 버터나 크림을 사용해서 새롭게 만든 제품도 많아요.

1. 여러분은 후식으로 주로 무엇을 먹어요?

2. 여러분 나라의 전통 후식 중에 요즘에도 인기 있는 것은 뭐예요?

10과

달달한 뚱카롱

알아봐요

오늘의 요리는 뚱카롱이에요. 영상을 잘 보고 질문에 답해 보세요.

1. 이 음식에 들어가는 재료를 골라 보세요.

아몬드 가루

코코넛 가루

밀가루

2. 만드는 순서대로 번호를 써 보세요.

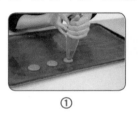   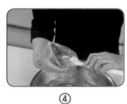

② → ☐ → ☐ → ☐

만들어 봐요

❶ 재료 준비

뚱카롱 만들 때 어떤 재료가 필요한지 살펴보세요. 그리고 새로 사야 되는 재료가 있다면 ✔표 해 보세요.

[10개 기준]

코크	아몬드 가루 82g, 슈거 파우더 76g, 설탕 60g, 계란 흰자 62g, 식용 색소 (보라, 핑크)
필링	버터 32g, 크림치즈 100g, 슈거 파우더 35g, 요거트 파우더 40g, 블루베리 리플잼 20g

☐ 상품

☐ 아몬드 가루

☐ 슈거 파우더

☐ 요거트 파우더

☐ 상품

☐ 버터

☐ 크림치즈

☐ 설탕

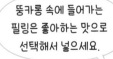

뚱카롱 속에 들어가는 필링은 좋아하는 맛으로 선택해서 넣으세요.

식용 색소를 넣어서 다양한 색깔의 뚱카롱을 만들 수 있어요. 색소가 없으면 안 넣어도 돼요.

❷ 재료 손질

재료를 다음과 같이 준비해 보세요.

 →     →

 →

❸ 만드는 방법

뚱카롱을 만드는 방법이에요. 빈칸에 알맞은 표현을 넣어 레시피를 완성해 보세요.

짜   덮어   섞어   쳐요   구워요   녹여요

아몬드 가루와 슈거 파우더를 체로 (1)   쳐요   .
가루가 뭉쳐 있으면 안 돼요.

Sift the almond flour and powdered sugar. The powder should not be clumpy.

계란 흰자에 설탕을 넣고 핸드 믹서로 잘 (2)   .
설탕을 한 번에 다 넣으면 안 돼요. 1/3씩 나눠서 넣으세요.

Add sugar to the egg whites and dissolve well with a hand mixer. Do not add all the sugar at once. Divide it into thirds and add it gradually.

🍲 새 어휘

흰자 white of an egg | 식용 색소 food coloring | 슈거 파우더 powdered sugar | 아몬드 가루 almond flour |
요거트 파우더 yogurt powder | 블루베리 리플잼 blueberry ripple jam

머랭에 준비된 가루를 넣어서 주걱으로 잘 (3)
주세요. 이때 만들고 싶은 색깔의 색소를 넣어 주면 더 예뻐요. .

Add the prepared powder to the meringue and mix well with a spatula. Adding the food coloring you want to use will make it prettier.

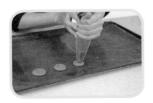

짤주머니에 반죽을 넣으세요. 쟁반 위에 유산지를 깔고 반죽을
동그랗게 (4)   주세요. 다 짠 후에는 쟁반을
탁탁 쳐서 공기를 빼고 30분 정도 건조해 줘요.

Put the batter into a piping bag. Line a tray with parchment paper and pipe the batter into circles. After piping, tap the tray to remove air bubbles and let it dry for about 30 minutes.

오븐에 넣고 150도에서 12분 정도 (5)   .

Bake in the oven at 150 degrees for about 12 minutes.

이제 필링을 만들어요.
버터를 먼저 풀어 주세요. 크림치즈도 넣고 잘 풀어 줘요.
여기에 슈거 파우더, 요거트 파우더, 블루베리 리플잼을 넣어 주면
블루베리 요거트 필링 완성.

코크가 식은 후 필링을 채우고 다른 코크로 (6)
주세요. 뚱카롱 완성!

Now make the filling. Soften the butter first. Add cream cheese and mix well. Then add powdered sugar, yogurt powder, and blueberry ripple jam to complete the blueberry yogurt filling. Once the shells have cooled, fill them with the filling and cover with another shell. Fat macarons are done!

Part II ⌒ 오늘의 한국어 ⌒ 🎵

🍳 **들어 봐요**

📍 여러분은 음식을 먹을 때 인증 사진을 찍어요? 한국 사람들은 언제 인증 사진을 찍을까요?

🎧 이 사람들은 뭘 먹을까요? 잘 들어 보세요. 🎧TRACK 10

태오	와, 마카롱이 진짜 크네!
하늘	진짜 크지? 그래서 마카롱이 아니라 뚱카롱이야.
태오	인증 사진 찍을 거지? 빨리 찍고 빨리 먹자.
하늘	잠깐만 기다려.
	(찰칵찰칵 찰칵찰칵)
태오	나 계속 기다리고 있어. 이제 다 찍었어?
하늘	미안. 예쁘게 찍어야 돼. 조금만 더 기다려 줘.

🎤 1. 다시 한번 잘 듣고 따라 해 보세요.

2. 친구하고 역할을 바꾸어 가며 이야기해 보세요.

👨‍🍳 **새 어휘** ───────────────────────────

인증 사진 proof photo | **찰칵찰칵** click click (camera sound)

1. 뚱카롱 이름을 알아봐요. 무슨 맛 뚱카롱을 먹어 보고 싶어요? ✔표 하고 이야기해 보세요.

☐ 초코
choco

☐ 인절미
Bean-powder-coated Rice Cake

☐ 쿠앤크
cookies and cream

☐ 황치즈
yellow cheese

☐ 크림치즈
cream cheese

2. 알맞은 것을 연결해 보세요.

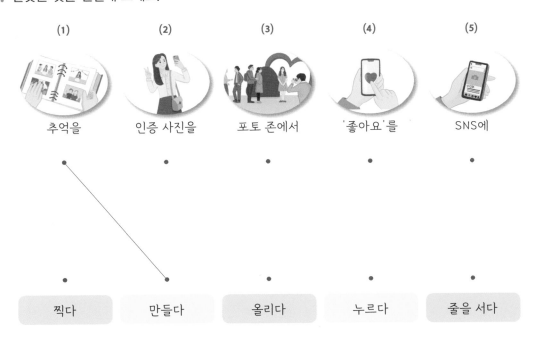

(1)	(2)	(3)	(4)	(5)
추억을	인증 사진을	포토 존에서	'좋아요'를	SNS에

찍다　　　　만들다　　　　올리다　　　　누르다　　　　줄을 서다

동사 고 있다

앞의 말이 나타내는 행동이 계속 진행됨을 나타내는 표현.
An expression indicating that the action stated earlier continues.

예문

• 지금 찌개를 끓이고 있어요.

• 아기가 자고 있어요. 이따가 전화할게요.

• 밖에 비가 오고 있어요. 우산을 가지고 가세요.

형태

-고 있다
먹고 있다
자고 있다

1. 문장을 완성해 보세요.

   (1) 저는 요즘 한국 드라마를 <u>보고 있어요</u> .
   　　　　　　　　　　　　　　　　 (보다)

   (2) 한강에서 사람들이 자전거를 _____ .
   　　　　　　　　　　　　　　　　　　　 (타다)

   (3) 방학 때 해외여행을 가려고 아르바이트를 _____ .
   　　　　　　　　　　　　　　　　　　　　　　　 (하다)

   (4) 한국 친구하고 같이 일주일에 2번 한국어를 _____ .
   　　　　　　　　　　　　　　　　　　　　　　　　 (공부하다)

   (5) 사람들이 다 비빔밥을_____ . 우리도 비빔밥을 먹을까요?
   　　　　　　　　　　　　　　 (먹다)

2. 그림을 보고 대화를 완성해 보세요.

(1)

가 지금 뭐 해요?

나 _____청소하고 있어요_____.

(2)

가 뭐 만들어?

나 자동차를 _____.

(3)

가 어디예요?

나 지금 택시를 타고 _____.

(4)

가 그 책 다 읽었어요?

나 아직 _____.

(5)

가 오늘 저녁에 치킨 먹을래요?

나 미안해요. 요즘 다이어트를 _____.

○ 문법 2

동사 형용사 어야 하다/되다

반드시 그럴 필요나 의무가 있음을 나타내는 표현.
An expression indicating that there is a need or obligation to do so.

예문

• 이 약은 밥을 먹은 후에 먹어야 해요.

• 세 명이 먹을 거니까 양이 더 많아야 해요.

• 다음 주에 시험이 있어서 공부해야 돼요.

형태

-어야 하다/되다	-아야 하다/되다	-해야 하다/되다
씻어야 하다/되다	찾아야 하다/되다	공부해야 하다/되다
★커야 하다/되다	좋아야 하다/되다	깨끗해야 하다/되다

1. 문장을 완성해 보세요.

   (1) 식당에 자리가 없어요. <u>기다려야 해요/돼요</u> .
   (기다리다)

   (2) 음식을 만들 때 재료가 _____.
   (신선하다)

   (3) 내일 아이 생일이라서 미역국을 _____.
   (끓이다)

   (4) 휴대폰을 잃어버려서 새 휴대폰을 _____.
   (사다)

   (5) 손님들이 많이 오니까 음식을 많이 _____.
   (만들다)

2. 알맞은 말을 골라 대화를 완성해 보세요.

> 가다   공부하다   반납하다   출발하다   환전하다

(1)
가 10시인데 벌써 자요?

나 네. 내일 아침 일찍 <u>출발해야 해요/돼요</u> .

(2)
가 이번 주말에 놀이공원에 갈래요?

나 다음 주에 시험이 있어서 _____ .

(3)
가 퇴근 후에 같이 영화 볼래요?

나 미안해요. 오늘은 집에 일찍 _____ .

(4)
가 여행 준비 다 했어요?

나 아직요. 내일 은행에 가서 _____ .

(5)
가 그 책 저한테 빌려줄 수 있어요?

나 미안해요. 내일까지 도서관에 _____ .

 **말해 봐요**

1. 음식 재료를 보관할 때 무엇에 주의해야 돼요? 보관 방법에 ✔표 하고 〈보기〉와 같이 말해 보세요.

감자	☑ 먼저 흙을 잘 털다 ☐ 신문지로 덮어 주다 ☐ 햇빛이 없는 곳에 보관하다
양파	☑ 하나씩 신문지로 잘 싸다 ☐ 바람이 잘 통하는 곳에 보관하다 ☐ 깐 양파는 신문지나 랩으로 싸서 냉장고에 넣다
( )	☐ ( )

보기

> 감자는 먼저 흙을 잘 털어야 해요.

> 양파는 하나씩 신문지로 잘 싸야 돼요.

2. 다음 주의사항을 보고 〈보기〉와 같이 이야기해 보세요.

뚱카롱 만들 때 주의사항	
설탕을 넣다	한 번에 다 넣지 말고 1/3씩 나눠서 넣다
머랭을 만들다	처음에는 설탕이 잘 안 녹으니까 핸드 믹서를 고속으로 하다
반죽에서 공기를 빼다	여러 번 반죽을 펴고 다시 모아서 공기를 빼다
코크 짝을 맞추다	크기가 다를 수 있으니까 비슷한 크기로 잘 맞추다

보기

> 여러분, 잘 보고 있지요?
>
> 이번에는 <u>설탕을 넣어</u> 볼게요.
>
> 자, 지금 <u>설탕을 넣고</u> 있는데요,
>
> <u>설탕은 한 번에 넣지 말고 1/3씩 나눠서 넣어야</u> 해요.
>
> 잘 따라 해 보세요. 여러분도 맛있게 만들 수 있어요.

🍲 **새 어휘**

고속으로 high speed | 짝을 맞추다 match pairs

읽어 봐요

● 제과점 안내문입니다. 잘 읽고 맞으면 O, 틀리면 X표 해 보세요.

뚱카롱 맛있게 먹는 방법

모든 뚱카롱은 사서 바로 드시는 것이
가장 맛있습니다.
보관 시 냉장 2일, 냉동 2주까지 가능!
하지만 뚱카롱을 냉장 보관하면
맛이 변합니다.
처음과 같은 식감으로
드시고 싶으시면 냉동 보관하세요.
냉동 보관 후에는 실온에서 10~15분
정도 해동 후에 드세요.
입맛에 따라 얼려 먹어도 맛있어요. ^^

(1) 뚱카롱은 냉장실에 보관한 후에 먹으면 처음과 맛이 같습니다.　　　　　　(　　　)

(2) 뚱카롱을 냉동실에 보관하면 2일 안에 먹어야 합니다.　　　　　　　　　　(　　　)

(3) 냉동 뚱카롱은 먹기 10분~15분 정도 전에 꺼내면 됩니다.　　　　　　　　(　　　)

새 어휘

냉동 frozen | 냉장 refrigerated | 보관 storage | 식감 texture | 해동 defrost | 냉장실 refrigerator |
얼리다 freeze

◎ 마카롱과 뚱카롱은 무엇이 다를까요? 다음 글을 읽고 이야기해 보세요.

마카롱과 뚱카롱

　　마카롱은 프랑스의 대표적인 간식이에요. 그런데 한국에서 뚱카롱으로 새롭게 만들었어요.

　　뚱카롱은 마카롱보다 필링을 더 뚱뚱하게 채워서 뚱카롱이라고 해요. 한국 사람 입맛에 맞게 마카롱보다 덜 달아요. 필링도 '인절미, 쑥인절미, 찹쌀떡, 녹차' 맛 등으로 다양하고, 하나만 먹어도 든든하지요.

　　뚱카롱은 모양과 색깔이 아주 예뻐서 먹기 전에 인증 사진을 찍는 사람이 많아요. 뚱카롱처럼 예쁜 간식 인증 사진을 찍으면 추억을 만들 수 있어요. 그래서 SNS에서 예쁜 뚱카롱 인증 사진을 쉽게 볼 수 있어요.

1. 여러분은 무슨 음식을 먹을 때 인증 사진을 찍어요?

2. 다른 나라 음식이 여러분 나라에 들어와서 어떻게 달라졌어요?

부록

★ 모범 답안
★ 어휘 색인
★ 문법 색인

모범 답안

(5) 많으니까

2 (2) 날씨가 더우니까 에어컨을 켤까요?
    (3) 오늘은 바쁘니까 다음에 만나요.
    (4) 저 영화가 재미있으니까 꼭 보세요.
    (5) 여기는 도서관이니까 조용히 해 주세요.

문법 2 · p.32

1 (2) 써도 돼요
    (3) 찍어도 돼요
    (4) 피워도 돼요
    (5) 사용해도 돼요

2 (2) 먹어도 돼요
    (3) 켜도 돼요
    (4) 마셔도 돼요
    (5) 놀아도 돼요

읽어 봐요 · p.35

3 (1) ✕   (2) ◯   (3) ✕

3과 매콤달콤 떡볶이

Part I 오늘의 요리

알아봐요 · p.38

1 ☑ 가래떡
2 ④ → ① → ③ → ②

만들어 봐요 · p.40

3 (2) 담가 둬요
    (3) 붓고
    (4) 끓여요
    (5) 익으면
    (6) 졸면

Part II 오늘의 한국어

어휘 · p.43

2 (2) 시다
    (3) 맵다
    (4) 쓰다
    (5) 짜다

문법 1 · p.44

1 (2) 좋은데
    (3) 없는데
    (4) 맛있는데
    (5) 배우는데

2 (2) 너무 힘든데 잠깐 쉬어도 돼요?
    (3) 배가 고픈데 같이 밥 먹을까요?
    (4) 영화표가 있는데 같이 볼까요?
    (5) 어제 맛집에 갔는데 사람이 정말 많았어요.

문법 2 · p.46

1 (2) 읽을 수 없어요
    (3) 칠 수 있어요
    (4) 할 수 없어요
    (5) 먹을 수 없어요

2 (2) 만날 수 있어요
    (3) 살 수 있어요
    (4) 탈 수 있어요
    (5) 만들 수 있어요

읽어 봐요 · p.49

3 (1) ◯   (2) ✕   (3) ✕

(3) 가기 전에
(4) 자기 전에
(5) 하기 전에

2 (2) 손님이 오기 전에 청소기를 돌려 주세요
(3) 집에서 나오기 전에 에어컨을 껐어요
(4) 졸업하기 전에 해외여행을 가고 싶어요
(5) 고향에 돌아가기 전에 쇼핑을 하고 싶어요

문법 2

1 (2) 표가 없을 것 같아요
(3) 합격할 것 같아요
(4) 친구가 많을 것 같아요
(5) 매울 것 같아요

2 (2) 잘 것 같아요
(3) 비쌀 것 같아요
(4) 재미있을 것 같아요
(5) 늦을 것 같아요, 빠를 것 같아요

읽어 봐요

3 (1) ○   (2) ×   (3) ×

6과 쫄깃쫄깃 수제비

Part I ⟨ 오늘의 요리 ⟩

알아봐요

1 ☑ 중력 밀가루
2 ② → ④ → ① → ③

만들어 봐요

3 (2) 건져요
(3) 뜯어서
(4) 익으면
(5) 입맛에

Part II ⟨ 오늘의 한국어 ⟩

어휘

2 (2) 후루룩
(3) 꿀꺽꿀꺽
(4) 아삭아삭

문법 1

1 (2) 밥을 먹으려고 해요
(3) 머리를 자르려고 해요
(4) 바다에 가려고 해요
(5) 마중을 나가려고 해요

2 (2) 시험공부를 하려고 해요
(3) 집에서 푹 쉬려고 해요
(4) 불고기를 만들려고 해
(5) 장갑하고 목도리를 사려고 해

문법 2

1 (2) 일주일에 2번 운동을 할게요
(3) 강아지를 1시간씩 산책시킬게요
(4) 인터넷 게임을 많이 하지 않을게요
(5) 저녁은 집에서 먹을게요

2 (2) 전화할게요
(3) 다녀올게요
(4) 청소할게요
(5) 기다릴게요

읽어 봐요

3 (1) ×   (2) ○   (3) ○

(5) 맛있었지요

2 (2) 잘하지요
   (3) 살지요
   (4) 힘들지요
   (5) 왔지요

문법 2 ································· p.116

1 (2) 못 가요
   (3) 못 만나요
   (4) 못 만들어요
   (5) 못 잤어요

2 (2) 못 쳐요
   (3) 운동을 못 해요
   (4) 못 먹었어요
   (5) 못 받았어요

읽어 봐요 ······················ p.119

3 (1) ○　　　(2) ×　　　(3) ○

9과 호호 호떡

Part I 오늘의 요리

알아봐요 ························· p.122

1 ☑ 식용유
2 ① → ④ → ③ → ②

만들어 봐요 ···················· p.124

3 (2) 섞어서
   (3) 바르고
   (4) 뒤집어요
   (5) 구워 주면

Part II 오늘의 한국어

어휘 ····························· p.127

2 (2) 전채 요리
   (3) 본 요리
   (4) 후식

문법 1 ·························· p.128

1 (2) 운동화가 좀 작아서 오래 걸으면 발이 아
    파요
   (3) 아침에 늦잠을 자서 회사에 지각했어요
   (4) 지갑을 안 가져와서 친구한테 돈을 빌렸
    어요
   (5) 갑자기 비가 와서 편의점에서 우산을 샀
    어요

2 (2) 회식을 해서
   (3) 아침을 늦게 먹어서
   (4) 음식이 맛있어서
   (5) 다른 약속이 있어서

문법 2 ·························· p.130

1 (2) 기다려 보세요
   (3) 만들어 보세요
   (4) 신어 보세요
   (5) 읽어 보세요

2 (2) 가 보고 싶어요
   (3) 배워 보고 싶어요
   (4) 써 볼래요
   (5) 만들어 보려고 해요

읽어 봐요 ······················ p.133

3 (1) ×　　　(2) ○　　　(3) ×

Part I 오늘의 요리

알아봐요 ···························· p.136

1 ☑ 아몬드 가루

2 ② → ③ → ④ → ①

만들어 봐요 ····················· p.138

3 (2) 녹여요
   (3) 섞어
   (4) 짜
   (5) 구워요
   (6) 덮어

Part II 오늘의 한국어

어휘 ································· p.141

2 (2) 찍다
   (3) 줄을 서다
   (4) 누르다
   (5) 올리다

문법 1 ···························· p.142

1 (2) 타고 있어요
   (3) 하고 있어요
   (4) 공부하고 있어요
   (5) 먹고 있어요

2 (2) 만들고 있어요
   (3) 가고 있어요
   (4) 읽고 있어요
   (5) 하고 있어요

문법 2 ···························· p.144

1 (2) 신선해야 해요/돼요
   (3) 끓여야 해요/돼요

   (4) 사야 해요/돼요
   (5) 만들어야 해요/돼요

2 (2) 공부해야 해요/돼요
   (3) 가야 해요/돼요
   (4) 환전해야 해요/돼요
   (5) 반납해야 해요/돼요

읽어 봐요 ····················· p.147

3 (1) ✕   (2) ✕   (3) ◯

어휘 색인

문법 색인

MEMO

MEMO

K-food 한국어

English Version

초판 인쇄	2024년 8월 19일
초판 발행	2024년 8월 26일
저자	김낭예, 박혜경, 장성희
편집	김아영, 권이준
펴낸이	엄태상
디자인	진지화, 공소라
조판	디자인 보스코
콘텐츠 제작	김선웅, 장형진
마케팅 본부	이승욱, 왕성석, 노원준, 조성민, 이선민
경영기획	조성근, 최성훈, 김다미, 최수진, 오희연
물류	정종진, 윤덕현, 신승진, 구윤주

펴낸곳	한글파크
주소	서울시 종로구 자하문로 300 시사빌딩
주문 및 교재 문의	1588-1582
팩스	0502-989-9592
홈페이지	http://www.sisabooks.com
이메일	book_korean@sisadream.com
등록일자	2000년 8월 17일
등록번호	제300-2014-90호

ISBN 979-11-6734-056-6 13710